Andrea Rost

Frankfurter Spezialitäten

Von A wie Apfelwein bis Z wie Zeppelinwurst

Impressum

Andrea Rost

Frankfurter Spezialitäten

Kontakt und weitere Informationen zum Verlagsprogramm unter:
www.bedrei.de

Layout und Satz: Robin Pillmann, Silke Pütz
Umschlag-Motiv: Robin Pillmann
Druck und Bindung: Holtz AG, Neudrossenfeld
ISBN: 978-3-938783-25-2

Andrea Rost

Frankfurter Spezialitäten

Von A wie Apfelwein bis Z wie Zeppelinwurst

VERLAG

Frankfurter Kochkunst

Wie alles begann

In Frankfurt wurde seit dem frühen Mittelalter Handel getrieben. Hier kreuzten sich wichtige Handelswege Europas. Frankfurt hatte das Messeprivileg. Kaufleute aus aller Welt logierten am Main. Es wurden Kaiser und Könige gekrönt, rauschende Feste gefeiert. Diese vielseitigen Einflüsse haben auch ihre kulinarischen Spuren hinterlassen.

Französische Raffinesse und die unbeschwerte Leichtigkeit der Italiener, die multikulturelle Esskultur Österreich-Ungarns und das Deftig-Bodenständige Frankens sind eine wohlschmeckende Verbindung eingegangen. Cross-over-Küche würde man diese bunte Mischung heute nennen. In den Restaurants aus aller Herren Ländern, die die Stadt bevölkern, lebt sie weiter.

Seit vielen Jahrzehnten eine der ersten Adressen für gutes Essen und Trinken: Das Hotel Steigenberger Frankfurter Hof am Kaiserplatz.

Von jeher ist Frankfurter Esskultur auch mit den großen Hotels dieser Stadt verbunden. Fürstlich und international wurde dort bereits im 19. Jahrhundert getafelt. Sodass Carl Julius Weber 1827 schreiben konnte: „Die Frankfurter Küche steht auf der Höhe der Zeit – sie hält die weise Mitte zwischen französischer Überfeinerung und britisch-nordischer Derbheit, eine weise Mitte zwischen den Fleischtöpfen Ägyptens, pikanten Saucen und Ragouts, und schwerfälligen deutschen Mehlspeisen – zwischen Gesalzenem und Frischem, Süßem und Saurem, Gemüse, Backwerken und Früchten. Vario delectat – Vielfalt erfreut!"

Die Geschichte der Frankfurter Küche wurde schon früh dokumentiert in dem ersten gedruckten Kochbuch, das in der Stadt am Main erschienen ist. Es war ein Auszug aus vier italienischen Rezeptbüchern und wurde 1531 unter dem Titel

Eine Hausfrau ist Verfasserin des „Kleinen Frankfurter Kochbuches", das 1769 als eines der ersten deutschsprachigen Volkskochbücher erschien.

„Von Speisen, natürlichen und Kreuter Wein, Aller Verstandt" von Christian Egenolff veröffentlicht. Mehr als 200 Jahre später hatte das „Kleine jedermann nützliche und wohleingerichtete Frankfurter Kochbuch, worinne ganz leicht zu erlernen, wie allerley Speisen gut und schmackhaft zuzubereiten sind" speziell die regionale Küche im Blick. Das Buch kam 1769 als eines der ersten deutschsprachigen Volkskochbücher auf den Markt. Verfasserin war eine Hausfrau, und die Frauen hatten auch in den nächsten Jahrzehnten das Sagen in der Frankfurter Kochszene.

1805 veröffentlichte die Köchin Christiane Werner ihr „Frankfurter Koch- und Haushaltungsbuch nach siebenjähriger Erfahrung". 1842 erschien das „Wohlunterrichtete Frankfurter Kochbuch, ein Haushaltsbuch für Frauenzimmer" von Josepha Lorey. Wilhelmine Rührig brachte 1860 ihr „Praktisches Frankfurter Kochbuch" heraus und fügte ihm eine wissenschaftliche Abhandlung von Justus Liebig über Ernährungskunde bei. Und Wilhelmine Schlienbecker schrieb 1877 „nach 50-jähriger Wirksamkeit der Verfasserin" ein Frankfurter Kochbuch, in dem sogar ein Bild der Autorin zu sehen ist. „Die Frankfurter Küche spricht die Sprache aller Landen und bietet Tafelgenüsse aller Nationen gastfreundlich dar", schrieb der Küchenmeister Schünemann Mitte des 19. Jahrhunderts. Kulinarischer Weitblick, möchte man sagen, sind doch Rezepte aus der bodenständigen Küche Hessens und Gerichte, die zu ihrer Zeit international Furore gemacht haben, damals wie heute die prägenden Bestandteile aller Frankfurter Kochkunst.

Viele der einstmals beliebten Gerichte des Großbürgertums sind mittlerweile von den Speisekarten der Frankfurter Restaurants verschwunden. Das Boeuf à la mode ist so eine Spezialität – geschmorter Rinderbraten, der mit Salzkartoffeln und Weinsoße zu festlichen Anlässen auf den Tisch kam. Die gebrannte Grießsuppe mit Markklößchen, die gefüllte Kalbsbrust oder das Frankfurter Schmalzkraut – Feldsalat, angemacht mit Sauerrahm und klein gehacktem, angebratenem Speck.

Geblieben sind einige Frankfurter Spezialitäten, die für die Küche der Mainmetropole stehen, die aber auch weit über die Stadtgrenzen hinaus Liebhaber gefunden haben: Grüne Soße und Frankfurter Würstchen, Apfelwein, Handkäs, Rippchen mit Kraut, Bethmännchen und der Frankfurter Kranz. Und die Frankfurter Kochkunst hat sich weiterentwickelt. Auf der Grundlage der klassischen Zutaten und Produkte ist eine Reihe neuer Kreationen und Varianten entstanden. Dieses Buch möchte Altes wie auch Neues vorstellen, es gibt Rezepturen preis und weist den Weg zu den Plätzen, an denen sich die Frankfurter Spezialitäten in geselliger Gastlichkeit genießen lassen.

Zutaten

500 g Feldsalat
1 Zwiebel
4 EL Öl
2 EL Weinessig
½ TL Salz
1 TL scharfer Senf
¼ TL Zucker
¼ TL weißer Pfeffer
1 Zitrone
Petersilie

Ein neues Rezept des einstmals so beliebten Frankfurter Schmalzkrauts.

Rapunzelsalat

Zubereitung

Von den Rapunzelpflänzchen die Stiele und Wurzeln entfernen. Dann mehrmals waschen und gut abtropfen lassen. Aus Öl, Essig, Senf, Salz, Zucker und Pfeffer eine Marinade rühren, die klein gehackte Zwiebel hinzugeben. Mit den Salatpflanzen mischen und 5 Minuten ziehen lassen. Mit einem Schaumlöffel aus dem Sud nehmen, abtropfen lassen und mit Zitronenscheiben und der Petersilie auf einer vorgewärmten Platte anrichten. Dazu reicht man Dampfkartoffeln mit heißer, leicht gesalzener Butter.

Rezept: Frankfurter Kleinmarkthalle

Der Apfel

Am Anfang war der Apfel

Bei Adam und Eva hat er bereits eine gewichtige Rolle gespielt, Isaac Newton soll er zur Gravitationslehre inspiriert und Wilhelm Tell das Leben gerettet haben: Der Apfel zählt zu den ersten Früchten, die Menschen kultiviert haben. Aus der Frankfurter Küche ist er nicht wegzudenken.

Die Symbolik des Apfels ist dabei von Anfang an eine vielfältige. Während der Apfel in der Bibel die Frucht des Sündenfalls ist, gilt er den Römern und Griechen als Symbol des Lebens, der Liebe und der Fruchtbarkeit. Für die Kelten ist das „Apfelland" Avalon das Paradies, das Unsterblichkeit verspricht. Auch die germanische Göttin Iduna wacht über goldene Äpfel, die, wenn sie den Asen zur Speise dienen, diese ewig leben lassen.

Die Heimat des Apfels ist Kleinasien. Von dort kam das saure Früchtchen über Griechenland und Italien in unsere Breiten. Mit Tafeläpfeln, wie wir sie heute kennen, war der Urapfel allerdings keineswegs vergleichbar. Ehe die schmackhaften Sorten, deren es mittlerweile weltweit mehrere Tausend gibt, entwickelt waren, bedurfte es vieler fleißiger Obstbauern und Züchter, die die Wildformen des Apfels veredelten.

Ist das Wetter trocken, wenn die Apfelbäume blühen, wird auch die Ernte gut.

Karl der Große war einer der Ersten, die sich um die Kultivierung des Apfels in Deutschland verdient machten. Er ließ auf seinen Gütern mit Vorliebe Apfelbäume anpflanzen, wie in einem Obstbaumverzeichnis aus dem Jahr 813 nachzulesen ist. Und der König der Franken und römische Kaiser bemühte sich auch erstmals auf deutschem Boden um die Herstellung des Apfelweins.

Erste Kelterversuche hatte es davor bereits im Baskenland gegeben, danach in Nordwestfrankreich und im spanischen Asturien. Alles Regionen, in denen auch heute noch Sidra (der spanische

Apfelwein) und Cidre (die französische Variante des Stöffchens) hergestellt werden. Als Wilhelm der Eroberer 1066 mit seinen Mannen nach England übersetzte, hatte er ebenfalls Apfelkerne und Apfelwein im Gepäck. Die Normannen brachten so ihr Kelterwissen auf die Britischen Inseln. Heute zählt England zu den weltweit führenden Apfelweinherstellern.

Was die Menschen von jeher am Apfel faszinierte, war nicht zuletzt seine gesundheitsfördernde Wirkung. Nicht umsonst galt der Apfelbaum in vielen Kulturen als heiliger Baum, seine Frucht als Heilmittel der besonderen Art. Äpfel enthalten Vitamin A, B und C, Dextrose, Pektine, Salizyl- und Gerbsäure, Spurenelemente – Eisen, Kupfer, Mangan und Mineralstoffe, Kalium, Natrium und Kalzium. „An apple a day keeps the doctor away – Ein Apfel pro Tag hält den Arzt fern" – sagt ein englisches Sprichwort.

Und der Apfelwein? Er kann auch einiges für die Gesundheit tun. Apfelwein regt den Kreislauf an, wirkt blutdrucksenkend, fördert die Verdauung und entschlackt. Ein Glas (0,3 Liter) hat gerade mal 100 Kalorien, dieselbe Menge Rotwein mehr als das Doppelte.

Apfelwein

Der Apfelwein ist der Lieblingstrunk der Hessen und der Frankfurter im Besonderen. Seit ein paar Hundert Jahren wird das Stöffchen in den Apfelweinwirtschaften der Stadt am Main ausgeschenkt. Bei der Herstellung setzen die Kelterer – ob groß oder klein – auf Tradition. Und manch ein Junger versucht sich auch am sortenreinen Schoppen, an Jahrgangsapfelwein und Apfelsekt.

Wie der Apfelwein nach Frankfurt kam

Frankfurt verdankt seinen Apfelwein der Reblaus. Die nämlich wütete zu Beginn des 16. Jahrhunderts in den ausgedehnten Wingerten am Sachsenhäuser Berg, in Bornheim und Seckbach und vernichtete fast den gesamten Bestand an Rebstöcken. Der Schädling hatte den Frankfurter Reben damit endgültig den Garaus gemacht. Denn schon in den Jahrzehnten zuvor war das Klima in der Mainebene ausgesprochen schlecht gewesen, es gab lang andauernde Fröste, Missernten häuften sich.

Szene in einem Apfelweinlokal um 1900. Der Künstler ist leider unbekannt.

Neue Weinberge anzulegen war den Frankfurtern nicht erlaubt. Der Rat der Stadt hatte dies 1501 verboten, denn der heimische Traubenwein galt als unattraktiv, Importe aus dem Ausland wurden vorgezogen. Da mussten sich Winzer, Weinbergsarbeiter, Gärtner und Küfer einen neuen Broterwerb suchen. Sie verlegten sich auf das Keltern von Obst und ließen fortan den Saft gepresster Äpfel in ihren Kellern zu Apfelwein vergären. Das goldgelbe Stöffche schmeckte den Frankfurtern, und es erwies sich obendrein als preiswerte Alternative zum teuren Traubenwein, den sich nur reiche Bürger und gekrönte Häupter leisten konnten. Bald produzierten die Apfelweinkelterer den Schoppen nicht mehr nur für den

Eigenbedarf, er floss auch für Fremde ins Glas. Ausgeschenkt wurde das Stöffche in der zum Gastzimmer umfunktionierten Wohnstube der Wirtsfamilie. Bei schönem Wetter standen die hölzernen Tische und Bänke auch im Freien.

Die Frankfurter Ratsherren witterten gutes Geld und entschieden bereits Mitte des 17. Jahrhunderts, dass, wer Apfelwein in größerem Stil verzapfte, Steuern dafür bezahlen musste. Anzuzeigen hatten die Apfelweinwirte den gewerbsmäßigen Ausschank mittels eines grünen Fichtenkranzes vor ihrer Tür, in dessen Mitte ein rotwangiger Apfel baumelte.

Wenn der grüne Fichtenkranz mit dem Bembel vor der Tür hängt, heißen die Apfelweinwirte ihre Gäste willkommen. Der Apfelwein hat in Frankfurt viele Namen: Ebbelwoi und Ebbelwei wird er genannt, auch Äppelwoi oder Äppelwei sind als Schreibweisen erlaubt. Schoppen oder Stöffchen sagen die Kenner. Und einen Schoppen petzen heißt einen Apfelwein trinken. Abb. gegenüberliegende Seite: Eine Probe direkt aus dem Holzfass, ca 1950 Abb. Seite 20 / 21: Ländliche Kelterszene

Wo das Stöffche ins Glas kommt

Hecken- und Gartenwirtschaften nannte man die ersten Frankfurter Apfelweinlokale, denn sie wurden von Weingärtnern, sogenannten Häckern betrieben. Eine Vielzahl derer, die es bis heute gibt, sind in der ersten Hälfte des 19. Jahrhunderts entstanden – in Sachsenhausen, später auch in Bornheim und in Seckbach. War das Apfelweinkeltern anfangs nur ein Nebenerwerb für die Wirtsfamilien, so gab es bald Wirtschaften, die das ganze Jahr über vom Apfelweinausschank lebten.

Sie vergrößerten ihre Keller und Gärten, nicht aber ihre Küchen. Denn gekocht wurde in der traditionellen Frankfurter Apfelweinwirtschaft nur in sehr begrenztem Umfang. Ein paar heiße Kartoffeln aus dem Ofen, ein gut gereifter Handkäs aus dem Dippche unterm Tresen, mit Öl, Essig und Zwiebeln angemacht, dazu ein kräftiges Bauernbrot und Butter – zu mehr reichte es meist nicht. Die Gäste kümmerte das wenig. Sie durften ihr Essen, wenn sie wollten, auch selbst zum Apfelwein mitbringen. Oder sie kauften sich etwas zum Beißen beim Brezelbub, der mit einem Korb voller Backwerk durch die Wirtschaften lief.

Eine Großkelterei innen und außen um 1930, oben die Pressen, unten die Äpfel vor der Verarbeitung.

Chronist Adolf Stoltze beschrieb 1912, wie es in den ersten Heckenwirtschaften Sachsenhausens zuging: „In quetschender Enge sitzen auf lehnenlosen, harten Holzbänken vom dicksten Tabaksqualm umhüllt Männer und Frauen und zuweilen auch Kinder, kauen und trinken, schwatzen und singen und freuen sich ihres Daseins. Alle Stände sind in einer Heckenwirtschaft vertreten, Kaufläute und Arbeitslose, Doktoren und Beamte, Handwerker und Gelehrte, Künstler und Soldaten, Rentner und Sackträger – nur die Idiotengestalten der Gigerl, die sogenannten Lebemänner und Damen der Halbwelt fehlen ...“

Keltern in großem Stil

Die Technik der Apfelweinherstellung verbesserte sich zu Beginn des 19. Jahrhunderts. Hydraulische Pressen und Motorpumpen ersetzten die einfachen und von Hand zu betreibenden Holzpressen, Kelterer konnten Apfelwein weit über den eigenen Bedarf hinaus produzieren. 1817 wurde in Sachsenhausen die „Erste Frankfurter Aepfelweinkelterei Gebrüder Freyeisen“ gegründet, Mitte des Jahrhunderts folgte in Bornheim die J. G. Rackles Apfelwein-Versandkelterei.

1881 schließlich schlug die Geburtsstunde der Kelterei Possmann, die als einzige der legendären Frankfurter Stöffche-Fabriken auch heute noch Bestand hat. Gerade 30 Jahre alt war der Weinküfer Philipp Possmann, als er 1875 das elterliche Weingut in Laubenheim an der Nahe verließ, um nach Frankfurt zu ziehen. Sein gesamtes Erbteil investierte er in den Kauf des „Gasthauses zur Stadt Offenbach“ in der Fahrgasse 13. Wenige Jahre später schenkte er im Wirtshaus „Zum Taunus“ in Rödelheim selbst gekelterten Äpfelwein aus. 1881

kaufte sich Philipp Possmann ein Pferdefuhrwerk und lieferte sein Stöffche auch an die Gaststätten der Umgebung aus – der offizielle Beginn der Firmengeschichte.

Visionär sind die Possmanns seither an den Ausbau ihres Schoppens gegangen. Schon auf den Kochkunstausstellungen zu Beginn des 20. Jahrhunderts erreichten die Apfelweine aus Rödelheim höchste Auszeichnungen. Bis heute hat sich daran nichts geändert. Moderne, junge Produkte kommen mittlerweile aus der Kelterei Possmann, so zum Beispiel der „Big Äppler", eine milde Version des Frankfurter Stöffchens oder die Mischung „Äppler-Cola".

Seit 1881 keltert die Firma Possmann Apfelwein in Frankfurt. Die ersten Fässer wurden noch mit dem Pferdefuhrwerk ausgeliefert. Zu Beginn des 20. Jahrhunderts transportierten bereits Automobile den Aepfelwein aus Rödelheim.

Die Produktionsanlagen befinden sich längst in der Eschborner Straße, nach der kompletten Zerstörung im Zweiten Weltkrieg wurde ein großer Natursteinkeller gebaut, in dem sogar drei Original-U-Boot-Tanks für den Possmann'schen Apfelsaft lagern.

Apropos Weltkrieg: Der Erste wie der Zweite haben den Frankfurter Apfelweinkelterern schwer zu schaffen gemacht. 1914 wurde das Keltern von Streuobstäpfeln gesetzlich verboten, das Obst sollte für die Ernährung der Hunger leidenden Bevölkerung bereitgestellt werden. Logen gründeten sich, in denen die Apfelweingeschworenen heimlich am Stöffchen nippten und über Umwege Kelteräpfel beschafften. Im Zweiten Weltkrieg galt den Nationalssozialisten Frankfurter Apfelwein als der „Volksgesundheit nicht zuträglich". Seine Produktion wurde unter Strafe gestellt.

450.000 Liter Apfelwein passen in einen U-Boot-Tank. Drei davon lagern in den Kellern der Firma Possmann.

In der Zwischenkriegszeit durfte das Stöffchen zwar verzapft werden, weil die Wirte den Preis für den Schoppen deutlich erhöhten, brach 1928 in Sachsenhausen ein veritabler Apfelweinkrieg aus. Erst die handfesten Proteste der Gäste – sie drohten mit Abwanderung nach Bornheim, Seckbach und ins Frankfurter Umland, ließen die Wirte einsichtig werden: Der Schoppenpreis wurde binnen Stunden wieder auf 15 Pfennige gesenkt.

Vom Küfer zum Kelterer, Kelterei Nöll
Als Apfelwein im großen Stil in Frankfurt gekeltert wurde, war der Bedarf an Fässern riesig. Die Küferei wurde zu einem einträglichen Handwerk. 1864 entstand in Alt-Griesheim eine Werkstatt für Fass- und Bottichbau, die Küferei Nöll. Heute befindet sich ebendort die Apfelweinkelterei gleichen Namens.

1964 machten die Nachkommen der Firmengründer das bis dahin private Keltern zum Geschäft. An Freunde und Nachbarn schenkten sie ihren Apfelwein zunächst aus, wenige Jahre später kam ein Getränkevertrieb dazu, der den Nöllschen Apfelwein nach ganz Frankfurt und weit über die Stadtgrenzen hinaus liefert. 1990 hat die Frankfurter Familienkelterei mit dem Apfel-Champagner, den ersten in der Flasche vergorenen Apfelsekt auf den Markt gebracht. Dazu gibt es einen Apfeldessertwein, Apfelbrände und einen Apfel-Prosecco von Nöll.

Importware

Die Äpfel, aus denen der Frankfurter Schoppen gekeltert wird, wachsen von jeher auf den Streuobstwiesen rund um die Mainmetropole – im Taunus, in der Wetterau, im Odenwald oder im Spessart. Um die Transportwege kurz zu halten, haben sich zahlreiche Keltereien direkt vor Ort angesiedelt. Sie bauen das Stöffchen in ihren Kellern aus und liefern den fertigen Apfelwein dann nach Frankfurt.

Landkelterei Höhl
In der ältesten Apfelweinkelterei Deutschlands wird schon seit 1779 Ebbelwoi produziert. Als Klassiker gilt der „Alte Hochstädter", benannt nach dem Stammsitz der Kelterei in Maintal-Hochstadt.
www.hoehl-hochstadt.de

Rapp's Kelterei

1930 wurde das Unternehmen in Bad Vilbel gegründet, seit 1996 hat es seinen Sitz in Karben in der Wetterau. Rapp's produziert nicht nur Apfelwein, sondern ist zugleich größter Fruchtsafthersteller Hessens. Auch Privatleute können ihre Äpfel in Karben keltern lassen. Bezahlt wird mit Apfelwein oder Saft.

www.rapps.de

Kelterei Herberth

In Kronberg im Taunus hat 1970 die Kelterei Herberth mit der Apfelweinproduktion begonnen. Die Stöffchen des Familienbetriebes wurden mehrfach ausgezeichnet.

www.herberth.de

Kelterei Jörg Stier

Eine der innovativsten Apfelweinkeltereien in ganz Hessen ist jene von Jörg Stier in Maintal-Bischofsheim. Jörg Stier liebt das Experimentieren. Nicht nur klassischen Apfelwein gibt es bei ihm zu kaufen, sondern auch Raritäten wie einen Schlehen-Apfelwein, einen Winterschoppen oder Cidre mit Calvadosnuancen. Der Hanauer Krawallschoppen wird ausschließlich aus Bohnäpfeln gekeltert und naturtrüb ausgebaut. Bei Veranstaltungen in der eigenen Kelterei und auf den Streuobstwiesen macht Jörg Stier Apfelwein-Laien mit der Kunst des Kelterns vertraut.

www.kelterei-stier.de

Matsch & Brei

„E sauber Stöffche" lautet die Devise von Matsch & Brei im oberhessischen Speckswinkel. Auf chemische Mittel verzichten die Kelterer sowohl auf den Streuobstwiesen als auch im Keller. Apfelweine und Cidres sind als Bioland-Produkte zertifiziert. Vertrieben werden auch Ökoweine aus aller Welt.

www.matschundbrei.de

Wirte keltern selbst

Gab es noch zu Beginn des 20. Jahrhunderts an die 100 selbst kelternde Apfelweinwirtschaften in Frankfurt, so sind es heute gerade mal ein Dutzend. Das mag mancher als Verlust der Vielfalt beklagen und wehmütig zurückdenken an die Zeit, als es im Herbst in ganz Sachsenhausen, Bornheim und Seckbach nach Apfelmaische und Süßem roch. Für andere ist es ein Sieg der Qualität. Denn nicht selten war der Schoppen aus den Kleinkeltereien geschmacklich recht eigen. Als „Frankfurter Note" wurde ein deutlicher Essigstich früher bezeichnet. Ohne einen kräftigen Spritzer Mineralwasser war das rabiate Stöffchen kaum zu genießen. Heute ist das anders. Die Wirte, die ihren Apfelwein noch selbst keltern, sind allesamt Profis. Was Technik, Hygiene, Abfüllung und Lagerung des Apfelweins betrifft, stehen sie den Großen in nichts nach. Und immer öfter wagen sie sich an Neues.

Stöffchen-Experten unter sich: Apfelweinkelterer Andreas Schneider (links) und Küchenchef André Großfeld.
Abb. gegenüberliegende Seite: Das „Lorsbacher Thal" um 1880

Einer der jungen Apfelweinpioniere ist Andreas Schneider vom Obsthof Schneider in Nieder-Erlenbach. Schon zu Beginn der 90er Jahre hat er seine ersten sortenreinen Apfelweine gekeltert – aus Boskop, Golden Delicious und Goldparmäne. Bei ihm stehen Rosé-Apfelweine als Verschnitt aus roten und hellen Apfelsorten im Keller, Stöffche, die im Barrique-Fass ausgebaut sind, und ein Turbo-Schoppen mit neun Prozent Alkohol. Dass er damit absolutes Neuland betritt, mag Andreas Schneider nicht glauben. Viel eher kann er sich vorstellen, dass auch früher schon mal in weniger guten Erntejahren auf den Streuobstwiesen die eine oder andere „Sortendominanz" vorherrschte. Damit mussten die Kelterer vor 100 Jahren schließlich auch zurechtkommen.

Prickeln im Glas

Durchaus nicht neu ist auch die Herstellung von Apfelsekt und Apfelschaumwein. Ja, sie hat sogar eine fast 200 Jahre alte Tradition. Denn schon 1820 und damit acht Jahre, ehe der erste Rebensekt produziert wurde, verkaufte Carl Samuel Haeusler im schlesischen Hirschberg einen „Apfel Mousseux“. In Frankfurt hieß der prickelnde Schoppen „Aepfelwein-Champagner“ und wurde als „German Champagner Cidre“ sogar bis nach Amerika exportiert.

Eine Frankfurter Besonderheit hat vor Kurzem die Hochstädter Kelterei Höhl wieder aufleben lassen. Sie füllt „Pomp secco“ in Flaschen, den sogenannten Herrschaftsgespritzten. Vor gut einem Jahrhundert war das eine edle Variante des „Sauergespritzten“ (Apfelwein vermischt mit Mineralwasser): Frankfurter Apfelwein, vermischt mit Rieslingsekt aus dem Rheingau. Ausschließlich aus Apfelwein hergestellt ist der Apfelsekt „1881“ der Kelterei Possmann. Die Herstellung dieser Cuvée orientiert sich an einem alten Rezept, mit dem schon in den Gründerjahren der Kelterei gearbeitet wurde.

Der Apfelwein wird aus dem Gerippten getrunken, das Deckelche kommt oben drauf.

Apfelwein-Utensilien

Für den echten Frankfurter ist der Apfelwein Lebensart. Um sein Stöffche richtig zu genießen, braucht er drei Dinge: das Gerippte, den Bembel und das Deckelche.

Das Gerippte

Geripptes heißt in Frankfurt das becherförmige Glas, aus dem der Apfelwein getrunken wird. Es ist mit Rautenschliff versehen und lässt das Stöffche im Spiel von Licht und Schatten goldgelb strahlen. Die gerippte Oberfläche des Schoppenglases – es fasst traditionell 0,3 Liter – hatte ursprünglich wohl einen ganz praktischen Nutzen: Es rutschte den Gästen nicht so leicht aus der Hand, wenn ihre Finger vom Essen fettig geworden waren.

Der Bembel

Bembel ist der blaugraue, bauchige Krug, in den der Wirt den Apfelwein füllt, ehe er ihn an den Tisch bringt. Die meisten Bembel stammen aus dem Kannenbäcker Land. Sie sind aus Westerwälder Steinzeug gefertigt und mit einer Salzlasur überzogen. Das Stöffche bleibt darin kühl und ist vor Licht geschützt. Die Größe des Bembels wird mit der Anzahl der darin enthaltenen Apfelweingläser angegeben. Ein Fünfer-Bembel enthält fünf Schoppengläser à 0,3 Liter, also 1,5 Liter Apfelwein. Damit sich der Wirt beim Ausschank leichter tut, steht in traditionellen Apfelweinwirtschaften auch heute noch der sogenannte Faulenzer auf dem Tresen. Es ist ein gusseisernes Gestell, in den der vollgefüllte Bembel gehängt wird. Zum Einschenken des Stöffchens muss er dann nur noch gekippt werden.

Das Deckelche

Wer seinen Apfelwein im Freien genießt, dem kann schon mal eine Fliege oder ein Blatt ins Glas rutschen. Um solches zu verhindern, gibt es hölzerne Deckel für die Apfelweingläser, die sogenannten Deckelcher. Sie passen exakt auf die Gerippten und sind mit Münzen oder Malerei verziert. Seinen Deckel bekommt man nicht vom Wirt, den bringt sich jeder Gast selbst mit.

Verschiedene alte Apfelsorten werden traditionell zur Herstellung des Apfelweins verwendet. Sie kommen von den Streuobstwiesen rund um Frankfurt.

Alle diese Utensilien wurden früher von fahrenden Händlern in die Stadt gebracht und vertrieben. Jährlich fand dazu im Frühjahr und Herbst die „Dippemess" statt, auf der die Steinguttöpfe, auf Frankfurterisch: „Dippe", angeboten wurden. Die „Dippemess" hat sich mit der Zeit zu einem Volksfest gewandelt, findet aber nach wie vor zweimal im Jahr auf dem Festplatz statt.

Heute sind Bembel, Geripptes und Deckelche, auch mit persönlichen Gravuren und Motiven, im „Frankfurter Dippemarkt" in der Fahrgasse erhältlich.

Alte Apfelsorten

Der Rohstoff jedes Stöffchens sind die Äpfel von den Streuobstwiesen rund um Frankfurt – aus dem Taunus und der Wetterau, aus dem Maintal und dem Odenwald. Als Tafelobst werden sie meistens verschmäht, sie sind unansehnlich und schmecken ziemlich sauer. Zum Keltern aber eignen sich diese alten Apfelsorten vorzüglich.

Und von jeher macht dabei die Mischung den ganz besonderen Geschmack des Frankfurter Apfelweins aus. Mehrere Dutzend Apfelsorten können miteinander verschnitten werden. Den Boskop und den Trierer Weinapfel holen die Kelterer gerne in ihre Keller, den Bitterfelder, den Rheinischen Bohnapfel, die Schafsnase, Renetten oder die Goldparmäne. Ihre Säure und die in den spät reifenden Früchten enthaltenen Gerbstoffe geben dem Apfelwein eine besonders würzige Note und machen ihn länger haltbar.

Bereits früh haben Apfelweinwirte ihr Stöffchen auch mit dem Saft anderer Wildfrüchte verschnitten. Der Speierling zählt dazu, eine Beerenfrucht aus der Familie der Ebereschen, die Mispel, die Schlehe oder die Quitte. Sie sorgen für besondere Fruchtfülle im Gerippten.

Keltergeschichten

Süßer, Rauscher, Neuer und Alter

Die Zeit des Apfelweinkelterns beginnt im Oktober. Mehrere Wochen lang werden die Äpfel von den Streuobstwiesen täglich in den Keltereien angeliefert, in großen Bottichen gewaschen und gepresst. Der trübe, bräunliche Saft wird in Fässer oder Tanks abgefüllt. Die Frankfurter nennen ihn „Süßer". Es ist Most, aus dem später der Wein wird. Der gärende Apfelwein wird „Rauscher" genannt. Seine Farbe ist hellgelb, er schmeckt noch leicht süß, hat aber schon drei Prozent Alkohol und prickelt auf der Zunge.

„Heller" heißt der Apfelwein, der die Hauptgärung bereits hinter sich, den Weg zum ausgereiften Stöffchen aber noch vor sich hat. Der Fruchtzucker ist in Alkohol und Kohlensäure aufgespalten, der neue Helle ist trüb und wird in vielen Apfelweinwirtschaften traditionell rund um Weihnachten angestochen.

Binnen Jahresfrist sollte der Apfelwein ausgetrunken sein. Dann werden die Fässer für das neue Stöffchen gebraucht. Abb. Seite 34 / 35: Die „Fraa Rauscher" wurde 1929 in einem Karnevalslied geboren. Sie wurde so populär, dass man ihr 1961 einen Brunnen in der Klappergasse setzte.

„Neuer" nennen die Frankfurter den Apfelwein, wenn er sich im Laufe des Frühjahrs zum ausgereiften Schoppen entwickelt hat. Goldgelb steht er dann im Glas, sein Aroma ist ausgereift und stabil. Gärt im Herbst bereits wieder der Süße im Fass, wird der „Neue" zum „Alten". Dann ist die Zeit gekommen, das Stöffche des Vorjahres zu trinken. Denn seinen ersten Geburtstag, sagen viele Apfelweinkelterer, soll der Frankfurter Apfelwein nicht erleben. Das alte Fass wird schließlich für den neuen Süßen gebraucht.

Die Frau
aus de
die hot e
Ob's vom
ob's vom
das klärt

Francofurta

Apfelwein trinkt sich am Besten in Gesellschaft. Die langen Tische und Bänke laden zum „babbeln" ein.

Wie man den Apfelwein trinkt

„Aus em Bembel, ins Gerippte, in de Kopp" (Volksmund)

Pur und nichts als pur, sagen die Liebhaber des Stöffchens, sei der Apfelwein zu genießen. Sie bestellen sich einen Schoppen und blicken mitleidig auf all jene, die der herben Säure nicht gewachsen sind. Ist das Mischen des Apfelweins mit Mineralwasser zum „sauer Gespritzten" noch akzeptiert – tief gespritzt bedeutet übrigens: mit viel Mineralwasser – werden die „Süß-Spritzter", die ihren Schoppen mit Zitronenlimonade vermengen, meist schon mit einer gehobenen Augenbraue bedacht. Nicht jede Apfelweinwirtschaft hat diese „Frankfurter Longdrinks" auf der Karte stehen. Zum Bembel kann aber eine Flasche Mineralwasser bestellt werden, der Gast mischt sich dann Apfelwein und Wasser nach eigenem Geschmack.

Ist im Sommer der „Gespritzte" herrlich erfrischend und bekömmlich, gibt es in der kalten Jahreszeit eine andere Apfelweinspezialität. Es ist der „Haaße Ebbelwoi", den es jedes Jahr im Advent auch auf dem Frankfurter Weihnachtsmarkt zu kaufen gibt. Heiß kommt der Apfelwein dann ins Glas, vermischt mit Zucker, Zimt, Gewürznelken und etwas Zitrone.

Ebbelwei-Expreß

Einen Stadtausflug der ganz besonderen Art kann man mit dem „Ebbelwei-Expreß" unternehmen. Nicht nur auf den Spuren des Frankfurter Kultgetränks führt die umgebaute Straßenbahn durch die Mainmetropole. Die Rundfahrt beginnt am Zoo, von dort geht es durch die Altstadt zum Römer, zur Messe und vorbei am Hauptbahnhof nach Sachsenhausen. Endstation des Ebbelwei-Expreß ist wieder am Zoo. Die Tour dauert etwa eine Stunde. An 29 Haltestellen kann man ein- und aussteigen und zwischendurch natürlich auch etwas trinken. Im Fahrpreis sind eine Flasche Apfelwein, Apfelsaft oder Mineralwasser und eine Tüte Brezeln enthalten.

Der Ebbelwei-Expreß fährt an Samstagen, Sonn- und Feiertagen zwischen 13.30 Uhr und 17.35 Uhr alle 35 Minuten im Linienverkehr. Für Gruppen- oder Firmenausflüge steht das Servicetelefon der Verkehrsbetriebe unter 069/213-22425 zur Verfügung. Weitere Informationen sind auch erhältlich unter: *www.ebbelwei-express.com*.

Zutaten für 4 Personen

1 l	Apfelwein
2–3	Stangen Zimt
6–8	Nelken
4 TL	Zucker

Haaßer Ebbelwoi

Zubereitung

Den Apfelwein mit allen Zutaten erhitzen - nicht kochen. Je nach Geschmack nachsüßen. Lange Metall-Cocktaillöffel in echte Frankfurter Apfelweingläser stellen und den heißen Apfelwein aufgießen. Schluck für Schluck genießen.

Rezept: Frankfurter Kleinmarkthalle

Grüne Soße

Sie ist grün, sie ist kalt und ihr mild-würziger Geschmack passt hervorragend zu Fleisch und Fisch, zu Kartoffeln und Ei. Doch wer hat sie erfunden, die Frankfurter Grüne Soße? Diese Frage haben sich schon viele gestellt. Beantworten konnte sie bisher keiner.

Eine echte Erfindung ist die Grüne Soße vermutlich auch gar nicht. Schon die Kelten haben ihre Sauermilchprodukte mit Kräutern verfeinert, um sie genießbar zu machen. Auch in römischen Kochbüchern finden sich Rezepturen für eine Soße aus frischen Wildkräutern, die rund ums Haus oder an den Feldrändern gesammelt wurden. Die Zubereitungsart hatten die römischen Eroberer aus dem Orient mitgebracht. Später gab's in Italien die „salsa verde", den Vorläufer des heutigen Pestos, in Frankreich wurden die „sauce verte" und die „sauce vinaigrette" aus Öl, Essig und grünen Kräutern zusammengerührt.

Deshalb ist es gut möglich, dass die Hugenotten, als sie sich im 17. Jahrhundert in der Region am Main niederließen, die Grüne Soße nach Frankfurt mitbrachten. Vielleicht hat auch die italienische Handelsfamilie Bolongaro das Rezept hierzulande bekannt gemacht. Vom Dichterfürsten Johann Wolfgang von Goethe wird jedenfalls berichtet, er habe die Grüne Soße gerne gegessen, seine Mutter, die eine ausgezeichnete Köchin war, soll sie stets für ihn zubereitet haben. Das erste gedruckte Rezept für eine Frankfurter Grie Soß ist im Kochbuch der Wilhelmine Rührig zu finden. 1860 ist die Rezeptsammlung in Frankfurt erschienen.

Heute gibt es zahlreiche Abwandlungen des Grüne-Soße-Rezeptes. Während die einen auf Sahne, Essig und Öl schwören, verfeinern die anderen das Frankfurter Sößchen lieber mit Crème fraîche, Mayonnaise, Joghurt oder Schmand. Ja, noch nicht mal an die Sieben-Kräuter-Regel will sich jeder Grüne-Soße-Koch halten und befindet sich dabei in der Tradition berühmter Frankfurter Kochkünstler. Auch Frau Rath Schlosser und Wilhelm Schünemann sollen, darf man den Chronisten glauben, Portulak, Majoran und Estragonblätter in ihre Frankfurter Grüne Soße getan und – zum Zweck der intensiveren Färbung, wie früher die Italiener – sogar Spinat beigemischt haben.

Der Mundartdichter H. P. Müller hat für sein Buch „Frankfurter Küch und Sprüch" ein Gedicht auf die Grüne Soße verfasst. Was die Zutaten betrifft, empfiehlt er: „Nun gibt nadierlich Variante, am Beste frage sie Bekannte ..."

Sieben Kräuter

Dass sich die Frankfurter Grüne Soße auch in der modernen Küche einen Namen gemacht hat, verdankt sie den sieben Kräutern, die sie zu einem wahren Powermix werden lassen.

1 Kresse
Scharf wie Senf oder Rettich schmeckt das einjährige Gartenkraut. Kresse enthält zahlreiche Vitamine, Eisen und Kalium und regt den Stoffwechsel an.

2 Pimpinelle
Das Aroma der Pimpinelle erinnert an Nüsse oder Gurken. Im Mittelalter galt das vitaminreiche Kraut als Heilmittel gegen die Pest. Heute weiß man seine blutstillende und antiseptische Wirkung zu schätzen.

3 Borretsch
Gurkenkraut heißt der Borretsch nicht von ungefähr. Die Blätter müssen frisch verarbeitet werden, denn getrocknet verlieren sie ihr Aroma. Borretsch stärkt das Herz, wirkt beruhigend und entzündungshemmend.

4 Petersilie
Ätherische Öle, Vitamin C und A und Mineralstoffe wie Kalzium, Kalium und Eisen enthält der Deutschen liebstes Küchenkraut. Auch als Heilpflanze kann Petersilie Verwendung finden. Sie wirkt belebend und ist gut gegen Frühjahrsmüdigkeit.

5 Kerbel
Schon Griechen und Römer kannten das gefiederte Kraut mit dem dezenten Anis-Aroma. Kerbel fördert den Stoffwechsel, reinigt Blut und Magen. Auch zum Entwässern soll er gut sein.

6 Sauerampfer
Die krautige Pflanze wächst am Wegesrand und auf den meisten Naturwiesen. Als Zutat für die Grüne Soße eignen sich nur die frischen grünen Triebe des Sauerampfers. Sie enthalten besonders viel Vitamin C, schmecken leicht säuerlich und entlasten den Magen nach einer allzu fetten Mahlzeit.

7 Schnittlauch

An einer grünen Soße mit Schnittlauch sollen sich schon die Römer delektiert haben. Die französische Küche kennt Schnittlauch in Kombination mit Kerbel und Estragon als „Fines herbes". Die langen grünen Blätter sind reich an Vitaminen und Mineralstoffen und haben ein leichtes Zwiebelaroma. Schnittlauch regt den Stoffwechsel an und senkt den Blutdruck.

Petersilie, Borretsch, Kerbel und Sauerampfer sind die Hauptbestandteile für den Kräutermix der Frankfurter Grünen Soße; in welchem Verhältnis die restlichen Kräuter beigemischt werden, ist je nach Jahreszeit unterschiedlich. Kaufen kann man die Kräuter für die Grie Soß von Ostern an auf den Frankfurter Wochenmärkten und in der Kleinmarkthalle. Sie sind traditionell in weiße Papiertüten mit grüner Aufschrift verpackt. Auch Grüne Soße im Glas ist mittlerweile zu haben.

Zutaten

1 Paket Grüne-Soße-Kräuter
¼ l saure Sahne
3–4 hart gekochte Eier
Pfeffer, Salz, Essig und Zucker

Mag es in und um Frankfurt auch weit mehr als 1000 Rezepte für die Grüne Soße geben, die Oberräder Gärtner, die die sieben Kräuter für die Grie Soß seit mehr als fünf Jahrzehnten auf ihren Feldern anbauen und zu ihrem Schutz sogar einen eigenen Verein gegründet haben, schwören auf eine puristische Zubereitungsart.

Grüne Soße – Das Oberräder-Gärtner-Rezept

Zubereitung

Die Kräuter unter fließendem Wasser waschen und mit einem Küchentuch vorsichtig trocken tupfen. Stängel und Wurzeln entfernen und die Kräuter zunächst mit einem scharfen Küchenmesser in kleine Stücke schneiden, dann mit einem Wiegemesser fein hacken. Die Kräuter für die Grüne Soße sollten nicht im Mixer oder Fleischwolf zerkleinert werden, weil dadurch die Fasern gequetscht werden und das Aroma teilweise verloren geht. Die gehackten Kräuter mit der sauren Sahne vermischen. Die hart gekochten Eier in Würfel schneiden und ebenfalls der Soße beifügen. Zuletzt wird die Grüne Soße mit Salz, Pfeffer, Essig und Zucker abgeschmeckt. Ehe sie auf den Tisch kommt, sollte sie 1 Stunde durchziehen.

Die Frankfurter Grüne Soße passt besonders gut zu gekochtem Rindfleisch – Tafelspitz oder Ochsenbrust – und zu Fisch. Als vegetarisches Gericht kommt sie mit Kartoffeln und hart gekochten Eiern auf den Tisch.

Zutaten

etwa 250 g	Kräuter:
zu je 20 %	Petersilie, Schnittlauch, Sauerampfer
zu je 10 %	Kerbel, Kresse, Pimpinelle, Borretsch
1 l	Saure Sahne
1 gestr. TL	Salz
1 gestr. TL	Zucker
¼ TL	bunter Pfeffer
2 TL	mittelscharfer Senf
1 TL	Meerrettich

Auch Gisela Paul, die als fahrende und singende Marktfrau in Frankfurt unterwegs ist, hat ein Grüne-Soße-Rezept, auf das sie schwört. Neben den sieben Kräutern kommen saure Sahne, Senf und Meerrettich mit dazu. Und Gisela Paul packt auch mal die Kräuter in den Mixer und püriert sie allesamt zu einem feinen Mus. Das lasse sich, sagt sie, gut tiefgekühlt aufbewahren.

Grüne Soße à la Gisela Paul

Zubereitung

Die Kräuter grob entstielen, in 3,5 Zentimeter lange Stücke schneiden und zusammen mit 2–3 Esslöffeln saurer Sahne in den Mixer geben. Den Mixer auf „grob“ einstellen und den Inhalt zu einem Kräutermus zerkleinern.

Die restliche saure Sahne in eine große Schüssel geben und das Kräutermus unterheben. Sorgfältig und gelassen, in runden Bewegungen, die Soße gut verrühren. Nach und nach die weiteren Zutaten dazugeben. Anschließend die Soße zwei Stunden im Kühlschrank ziehen lassen.

Maaschiffche

Eine kleine Gartengurke der Länge nach halbieren, innen aushöhlen und mit Grüner Soße auffüllen. Auf einen langen Zahnstocher eine dünne Scheibe geräucherten Lachs oder kalten Tafelspitz als Segel aufspießen, den Zahnstocher in die Gurke stecken. Je nach Größe der Gurke kann es ein Einmaster oder auch ein Dreimaster werden.

Gisela Paul

Frankfurter Fass

Den Deckel einer Eiertomate abschneiden, die Tomate aushöhlen und mit Grüner Soße füllen. Den Deckel, leicht versetzt, wieder aufsetzen oder das geöffnete „Fässchen" mit Petersilie oder anderen Kräutern bestreuen.

Frankfurter Röllchen

Eine Scheibe Roastbeef mit grüner Soße bestreichen, einrollen, in ca. 3 Zentimeter breite Röllchen schneiden, mit einem Zahnstocher fixieren, darauf ein Stück Ananas oder eine Weintraube stecken.

Ein Denkmal für die Grie Soß

Damit sie auch in Zukunft nicht in Vergessenheit gerät, haben die Oberräder Gärtner „ihrer" Grünen Soße sogar ein Denkmal gesetzt. „Im Auge des Orkans wachsen sieben Kräuter" nennt die Offenbacher Künstlerin Olga Schulz ihr Werk. Sieben kleine Gewächshäuser stehen in Reih und Glied entlang der Speckgasse, einige Meter davon entfernt beginnen die Kräuterfelder, auf denen Sauerampfer und Pimpinelle, Petersilie und Schnittlauch, Borretsch, Kresse und Kerbel gedeihen. Umgeben sind die Äcker von Autobahnen, Straßen und Bahngleisen, den Himmel durchkreuzen startende und landende Flugzeuge. Die Gewächshäuser, deren Glaswände in sieben verschiedenen Grüntönen gefärbt sind, sind für Olga Schulz ein Symbol für die Kraft der Natur inmitten des von Technologie und Fortschritt geprägten Wirtschaftsraumes Frankfurt und Rhein-Main. Kurz nach der Dämmerung lohnt ein Spaziergang entlang der Oberräder Kräuterfelder ganz besonders.

Dann erstrahlen die Glashäuser des Grüne-Soße-Denkmals wie schillernde Smaragde in der hereinbrechenden Dunkelheit. Eine Stunde lang werden sie jeden Abend von innen beleuchtet.

INFO

Das Denkmal erreicht man mit der Straßenbahnlinie 16 (Bleiweißstraße). Ein kurzes Stück an der Offenbacher Landstraße zurückgehen, in die Speckgasse und weiter am Ende der Bebauung links in den Feldweg einbiegen.

Handkäs

Der Handkäs, mag man meinen, sei in Frankfurt auf die Welt gekommen. Mitnichten: Eine Gerauer Bauersfrau hat ihn als Erste auf den Markt gebracht. Und das noch nicht mal in der Stadt am Main, sondern in Mainz am Rhein.

Man schrieb das Jahr 1813, als Frau Kaul, wohnhaft in der Groß-Gerauer Schöneckstraße, erstmals Sauermilchkäse mit der Hand formte und eine Fuhre Handkäs auf dem Mainzer Markt zum Verkauf anbot. Eigentlich waren die kleinen runden Käse, ähnlich wie die Heringe, zur damaligen Zeit ein Grundnahrungsmittel der kleinen Leute. Schusterkoteletts wurden sie auch genannt, denn Schuster waren nicht reich, und statt eines ordentlichen Stück Fleisch konnten sie sich nur eine Portion Handkäs für sich und ihre Familien leisten. Dass Frau Kaul mit ihrem Käse Erfolg hatte in der Stadt auf der anderen Rheinseite, sprach sich schnell in Groß-Gerau herum. Viele kleine Käsereien entstanden, auf alten Ansichtskarten gibt es neben dem Schlot der Gerauer Zuckerfabrik immer viele rauchende Kamine zu sehen, und über dem Städtchen schwebte stets ein delikater Käsegeruch. Die Handkäsefabrikanten, die es Frau Kaul gleichgetan hatten, verkauften ihre Ware nun ebenfalls in Mainz, die 1858 eröffnete Eisenbahnlinie ließ den Handel blühen. Maschinen zum Kneten der Käsemasse wurden erfunden und eine Käseformmaschine, die erst mit einer Handkurbel und später mit Motorkraft angetrieben wurde. Neben Mainz lieferten die Groß-Gerauer ihren Handkäs nun auch nach Frankfurt, später sogar ins Elsass, nach England, Amerika und Russland.

Ein Bild aus der Gründerzeit der Käserei Horst in Groß-Gerau. Auf riesigen Gestellen wurden die Handkäse gelagert, bis sie reif waren.

Mitte des 19. Jahrhunderts entstand auch eine Käserei in der Groß-Gerauer Schützenstraße, die heute als die älteste Sauermilchkäserei in Deutschland noch immer Bestand hat. Seniorchef Hermann Horst und Hermann Horst junior führen den Familienbetrieb und produzieren pro Woche gut 80.000 Handkäs verschiedener Sorten: vom Harzer über den Mainzer bis zum Bauernhandkäs.

Dass, wer in Frankfurt und Umgebung einen Handkäs mit Musik bestellt, ein Produkt aus der Horst'schen Käsefabrik auf den Teller bekommt, ist höchst wahrscheinlich. Denn die Groß-Gerauer liefern ihren Handkäs zu einem großen Teil in die Region und bedienen dabei auch viele Apfelweinwirtschaften.

Sein Handkäs, gibt Hermann Horst unumwunden zu, zähle nicht zu den preiswertesten. Mit industriell hergestelltem Käse will er aber auch gar nicht konkurrieren. Stattdessen haben sich die Groß-Gerauer Käsefabrikanten und ein halbes Dutzend anderer kleiner Käsereien in Hessen zusammengetan und wollen sich den Hessischen Handkäs patentieren lassen. Mit Brief und Siegel soll dann festgeschrieben werden, dass der Handkäs auch heute noch wie vor mehr als 100 Jahren fabriziert wird.

Wie der Handkäs gemacht wird

Der Handkäs wird heute genauso wie früher aus Sauermilchquark hergestellt, der mehrere Tage vorreift, ehe er mit dem Quirl zerkleinert, mit Natron und Speisesalz gemischt und zu handlichen runden Käselaibchen geformt wird. Danach kommt der Käse in den Schwitzraum, wo er zwei Tage lang bei Temperaturen zwischen 26 und 28 Grad Celsius und hoher Luftfeuchtigkeit reift und eine gelbliche Haut bildet. Nach dem Abkühlen wird der Handkäs mit Rotschmierekultur bestrichen und darf weitere ein bis zwei Tage bei kühleren Temperaturen nachreifen, ehe er für den Versand verpackt wird.

Wie man einen Handkäs isst?

Keinesfalls mit Messer und Gabel. Das nämlich würde den Esser als absolut ahnungslos in Bezug auf Frankfurter kulinarische Konventionen ausweisen.
Der Handkäs – ob mit oder ohne Musik – wird traditionellerweise nur mit einem Messer serviert, und das hat seinen guten Grund. In schmale Scheiben geschnitten, wird der Käse mit Schwung auf einer dick mit Butter bestrichenen Schwarzbrotscheibe platziert, obendrauf landen die Zwiebeln mit Essig und Öl.

Wer seinen Handkäs richtig genießen will, sollte ihn nach dem Kaufen nachreifen lassen, und zwar so lange, bis in seinem Inneren nichts Weißes mehr zu sehen ist und er außen herum gelb und speckig glänzt. „Durch" ist er dann, sagen die Frankfurter, und ganz besonders bekömmlich. Am besten aufgehoben ist der Handkäs während des Nachreifens bei vier bis sechs Grad Celsius im Gemüsefach oder in der Obstschale des Kühlschranks. Sein volles Aroma entfaltet der Handkäs erst bei Zimmertemperatur. Deshalb muss er immer ein Weilchen früher aus dem Kühlschrank geholt werden, ehe er auf den Tisch kommt. Handkäs lässt sich problemlos, im Gefrierbeutel verpackt, im Tiefkühlfach aufbewahren. Zwölf Stunden braucht er anschließend im Kühlschrank zum Auftauen.

Brot, Butter und ein Messer – mehr braucht der Handkäs-Esser nicht zu seinem Glück.

Zutaten

4 Handkäse
eine große Zwiebel
3 EL Essig
4 EL Öl
Salz, Pfeffer, Kümmel

Der Handkäs mit Musik – also mit Zwiebel, Essig und Öl – ist vielleicht das ursprünglichste aller Frankfurter Gerichte. Auf den Teller kam er erstmals in den Heckenwirtschaften der Sachsenhäuser Apfelweinkelterer. Große Küchen hatten die nicht zur Verfügung. Die Zubereitung musste deshalb einfach und schnell gehen.

Handkäs mit Musik

Zubereitung

Den Handkäse auf einen Teller legen. Aus Essig, Öl, Salz und den Gewürzen eine Marinade bereiten. Zwiebel in Würfel schneiden und untermischen. Alles über den Handkäse gießen und etwa eine Stunde ziehen lassen.
Warum die Musik (sprich: „Músigg“) so heißt, ist übrigens schnell erklärt: Zwiebeln verursachen üblicherweise ein Rumoren im Bauch. Dass da nach dem Genuss eines in der Marinade eingelegten Handkäses der eine oder andere Ton zu hören ist, kann nicht ausgeschlossen werden.

Zutaten

1 Handkäse
1 Apfel (Cox Orange)
1 Frühlingszwiebel
einige rosa Pfefferbeeren
Apfelwein
Apfelessig
Walnussöl
einige Walnüsse
Tomatenspalten
Eichblattsalat zur Verzierung

Salat von Handkäse
und Cox Orange mit Frühlingszwiebeln

Zubereitung

Den Handkäse in Scheiben schneiden und mit Apfelspalten vom ungeschälten Cox Orange (oder einem anderen säuerlichen Apfel) im Verhältnis 1 : 1 mischen. Dazu gibt man Frühlingszwiebeln und einige rosa Pfefferbeeren. Das Dressing besteht aus Apfelwein, Apfelessig und Walnussöl im Verhältnis 1 : 2 : 3. Pfeffer und Salz nach Geschmack.
Der angemachte Handkäse wird auf Eichblattsalat angerichtet und mit Walnüssen und den Tomaten garniert.

Rezept: Schuch's Restaurant, Praunheim

Zutaten

- Speck
- Zwiebeln
- Lauch
- gekochte Kartoffeln
- Knoblauch
- Majoran
- Kümmel
- Handkäse

Müllerins „Handkässüppchen"

Zubereitung

Speck und Zwiebeln in feine Würfel schneiden und mit Streifen von Lauch und dem zerdrückten Knoblauch in einer Casserole anschwitzen. Dazu in Würfel geschnittene Pellkartoffeln geben und mit Rinderbrühe oder auch Gemüsebrühe auffüllen. Abschmecken mit Salz, frisch gemahlenem Pfeffer, Kümmel sowie etwas Majoran. Nach dem Aufkochen den in Würfel geschnittenen Handkäse – er sollte noch etwas fest sein – hinzugeben und die Suppe in Tassen füllen. Gleich verzehren. Die Suppe eignet sich nicht zum nochmaligen Erhitzen.

Rezept: Zur Schönen Müllerin, Bornheim

Eine andere Frankfurter Käsespezialität, die ein wenig an den Obatzten aus Bayern oder den Spundekäs des Rheingaus erinnert, ist das Schneegestöber. Diese Mischung unterschiedlicher Käsesorten gibt es allerdings nur in Frankfurt. Für das Schneegestöber werden Camembert und Frischkäse vermengt. Als Aufstrich auf einem kräftigen Bauernbrot oder zu hartem Laugengebäck schmeckt die würzige Melange besonders gut.

Zutaten

150 g halbreifer Tortenbrie
15 g Butter
85 g Frischkäse (Doppelrahmstufe)
in Würfel geschnittene Zwiebel
Schnittlauch
etwas Paprika
Kümmel nach Wunsch

Schneegestöber

Zubereitung

Brie, Butter und Frischkäse mit der Gabel zerdrücken und gut vermischen, sodass eine cremig-weiche Masse entsteht. Die in Würfel geschnittene Zwiebel untermengen. Das Schneegestöber auf einem Teller anrichten und mit frischem Schnittlauch, Paprika und eventuell Kümmel bestreuen. Mit Salzbrezeln garnieren und zimmerwarm servieren.

Rezept: Zur Sonne, Bornheim

Die Geschichte vom Suppen-Kaspar

1 2 3 4

1.
Der Kaspar, der war kerngesund,
Ein dicker Bub und kugelrund,
Er hatte Backen, rot und frisch;
Die Suppe aß er hübsch bei Tisch.
Doch einmal fing er an zu schrein'n
„Ich esse keine Suppe! Nein!
Ich esse meine Suppe nicht!
Nein, meine Suppe ess' ich nicht!"

2.
Am nächsten Tag – ja sieh nur h
Da war er schon viel magerer.
Da fing er wieder an zu schrei'n:
„Ich esse keine Suppe! Nein!
Ich esse meine Suppe nicht!"
Nein, meine Suppe ess' ich nicht!"

3.
Am dritten Tag, o weh und ach!
Wie ist der Kaspar dünn und schwac
Doch als die Suppe kam herein,
Gleich fing er wieder an zu schrein'n
„Ich esse keine Suppe! Nein!
Ich esse meine Suppe nicht!
Nein, meine Suppe ess' ich nicht!"

4.
Am vierten Tage endlich gar
Der Kaspar wie ein Fädchen war.
Er wog vielleicht ein halbes Lot –
Und war am fünften Tage tot.

5

Aus dem Suppentopf

Große Vorspeisenesser sind die Frankfurter nicht. Ein Handkäs mit Musik vielleicht, ein Sülzchen in Essig und Öl oder das butterweiche Schneegestöber – die kulinarische Vielfalt bei den Hors d'œuvres ist bald erschöpft. Suppen aber gibt es in der Frankfurter Küche seit jeher.

In den Rezeptbüchern der Frankfurter Kochkünstlerinnen vergangener Jahrhunderte finden sich viele verschiedene Zubereitungsarten für Suppen. Auch der Frankfurter Dichter Heinrich Hoffmann hat mit seiner berühmten Geschichte vom Suppen-Kaspar, der nach wenigen Tagen ohne diese nahrhafte Spezialität zu einem dünnen Fädchen schrumpft, der Suppe ein Denkmal gesetzt.

Die Frankfurter Suppen sind kräftig, zumeist sogar recht deftig. „Dick' Supp" nannte man die Eintopfgerichte früher, auf den Tisch kamen sie vorzugsweise samstags, wenn die Hausfrau mit Waschen und mit Einkaufen für den Sonntagsbraten beschäftigt war. Linsen packte man dann in der Stadt am Main gerne in den Suppentopf. Das sämige Süppchen wurde mit einem Spritzer Essig verfeinert, dazu gab's Frankfurter Würstchen, fein säuberlich in Scheiben geschnitten. Frankfurter Kartoffelsuppe ist eine andere bodenständige Suppenspezialität, die auch heute noch viele Apfelweinwirte ihren Gästen servieren. Als Einlage gibt's ebenfalls Fleisch: gekochtes Rindfleisch, Bratwurst oder Blutwurst.

Zu einer kräftigen Suppe gekocht werden auch diverse Kräuter, die am Wegesrand wachsen – Sauerampfer zum Beispiel oder Kerbel. Und dann schwören die Frankfurter noch auf ihre „Französisch Supp", deren Name leicht irreführend ist. Es handelt sich nämlich schlicht und einfach um eine Gemüsesuppe. Alles, was ein Haus- oder Bauerngarten früher so hergab, wird darin zur Suppe verkocht: Karotten, Kohlrabi und Sellerie, Blumenkohl, grüne Bohnen, Zwiebeln und frische Kräuter. Basis ist eine kräftige Rinderbrühe aus Knochen und Suppenfleisch. Liebevoll nennen die Frankfurter dieses Süppchen auch „Quer dosch de Gadde".

Zutaten

800 g Beinfleisch vom Rind in Scheiben
3 Suppenknochen
1 Stange Lauch
4 Karotten
3 kl. Zwiebeln
1 Kohlrabi
½ Blumenkohl
100 g durchwachsener Speck
4 kl. Tomaten
Salz, frisch gemahlener Pfeffer,
1 Bund Petersilie

Gemüsesuppe „Quer dosch de Gadde"

Zubereitung

Das Beinfleisch und die Knochen waschen, in Wasser aufkochen, abschäumen und 1½–2 Stunden garen. Fleisch herausnehmen und warm stellen. Gemüse putzen und in Stücke schneiden. Den Speck auslassen, bis er glasig ist. Das klein geschnittene Gemüse hinzufügen und kurz anschmoren. Mit der abgeseihten Fleischbrühe aufgießen. 20–30 Minuten köcheln lassen. Die Tomaten abbrühen, Haut abziehen und 10 Minuten vor Ende der Kochzeit in die Brühe geben. Das warm gestellte Beinfleisch würfeln und in die Suppe geben. Mit Salz und Pfeffer abschmecken. Mit reichlich gehackter Petersilie bestreut servieren.

Rezept: Kelterei Possmann

Zutaten

200 g Sauerkraut
5 Scheiben durchwachsener Speck
1 kleine Zwiebel
1 l Rinderbrühe
¼ l Schmand oder saure Sahne
Zwiebelschlotten
Majoran
Kümmel
1 rohes Ei
etwas Apfelwein

Sauerkrautsüppchen

Zubereitung

Den Speck in feine Streifen schneiden und mit der gewürfelten Zwiebel anschwitzen. Sauerkraut klein schneiden, dazugeben und mit etwas Apfelwein ablöschen. Das Ganze mit der Rinderbrühe aufgießen und kurz aufkochen lassen. Mit Majoran, Salz, Pfeffer und Kümmel abschmecken. Nach dem Aufkochen das geschlagene Ei hinzugeben und gut unterrühren. Vor dem Servieren den Schmand dazugeben und mit Zwiebelschlotten garnieren. Dazu passt frisch gebackenes Baguette und ein Schoppen Apfelwein.

Rezept: Torsten Dornberger, Zur Schönen Müllerin

Fleischeslust

Ist die Küche in den Apfelweinwirtschaften oft eher schlicht, so spielt Fleisch doch eine wichtige Rolle. Nicht raffiniert zubereitet und in fein abgeschmeckten Soßen wird es serviert, sondern gekocht, gegrillt oder gebraten. Die Portionen sind meist üppig, und die verniedlichenden Namen täuschen über die wahre Größe hinweg.

Das bekannteste Frankfurter Fleischgericht ist wohl Rippchen mit Kraut. Die Apfelweinwirte kredenzen es ihren Gästen mit Kartoffelpüree und Sauerkraut als Reminiszenz an die Küche der kleinen Leute, die sich früher oft wochenlang nur von Kartoffeln und Kraut ernährten. Die schlichtere Variante besteht aus Rippchen mit Sauerkraut und Brot. Die Frankfurter Rippchen sind nicht wie die Kasseler geräuchert, sie werden nur gepökelt und anschließend mit einem Lorbeerblatt und Nelken gekocht.

Ebenfalls mit Sauerkraut und Kartoffelpüree oder Brot isst man die gekochte Schweineschulter, das sogenannte Schäufelchen, oder das Leiterchen. Dabei handelt es sich um das obere Stück des Schweinebauches, das relativ fleischarm und von Rippen durchzogen ist. Rippchen, Schäufelchen und Leiterchen können wahlweise auch gegrillt oder gebraten werden.

„Solber" oder „Haspel" nennt man in Frankfurt die Schweinshaxe. Gekocht kommt sie auf den Teller, Bratkartoffeln gibt's dazu und natürlich auch das obligatorische Sauerkraut.

Zur Grie Soß passt Rindfleisch gut, vorzugsweise der magere Tafelspitz oder gekochte Ochsenbrust, die auch mal durchzogen sein kann.

Wer „Stich" auf der Frankfurter Speisekarte liest, darf sich auf Bauchfleisch freuen. Dabei handelt es sich um durchzogenes Schweinefleisch, eine deftige Speise, die mit Sauerkraut besonders gut mundet. Zu den Fleischgerichten wird in der Regel mittelscharfer Senf gereicht, der den Eigengeschmack des Fleisches unterstreicht. Außerdem fördert Senf die Verdauung.

Zutaten

1 kg Sauerkraut,
am besten frisch aus dem Fass
1 Apfel oder Apfelbrei
1–2 EL Schmalz
1 Zwiebel
100 g Speck
Kümmel
Senfkörner
weißer Pfeffer

Rippchen mit Kraut

Zubereitung

Das Schmalz in einem Topf erhitzen, Zwiebel in kleine Würfel schneiden und glasig dünsten. Den Speck anrösten und das Sauerkraut dazugeben. Den Apfel in Scheiben schneiden und zusammen mit Kümmel, Senfkörnern und Pfeffer unter das Kraut mischen. Etwas anschmoren und dann mit Wasser oder Apfelwein aufgießen. Bei kleiner Flamme ca. 30 Minuten garen.

Gepökelte Rippchen ins Wasser legen, kurz aufkochen. Danach auf das Kraut legen und mitgaren lassen.
Zu Rippchen mit Kraut passen Bratkartoffeln oder Kartoffelpüree.

Tipp: Besonders gut schmeckt das Sauerkraut, wenn man es bereits am Vortag zubereitet und vor dem Essen nochmals ½ Stunde bei kleiner Flamme ziehen lässt. Sauerkraut am Neujahrstag zu essen bringt Glück, sagen die Frankfurter. Wer auf diese Weise ins neue Jahr startet, dessen Geldbörse ist die nächsten 12 Monate stets gut gefüllt.

Rezept: Gemaltes Haus, Sachsenhausen

Zutaten Kalbstafelspitz

1 kg Tafelspitz vom Kalb
1 Zwiebel
1 Möhre
1 Sellerie
1 Stange Lauch

Zutaten Grüne Soße

1 Päckchen Grüne-Soße-Kräuter
250 ml saure Sahne, eventuell Schmand
150 g Joghurt
1 TL mittelscharfer Senf
5–6 Cornichons
4 hart gekochte Eier
Salz, Pfeffer, Zucker
ein Spritzer Zitronensaft

Kalbstafelspitz mit Frankfurter Grie Soß

Zubereitung Kalbstafelspitz

Die Zwiebel halbieren und auf der Schnittfläche in der Pfanne fast schwarz anrösten. Gemüse klein schneiden und mit den Zwiebelhälften und dem Fleisch in einen Topf mit kaltem (!) Wasser auf den Herd stellen. Salzen. Bei kleiner Flamme 2,5 bis 3 Stunden simmern lassen. Die Brühe darf nicht kochen, sonst besteht die Gefahr, dass das Fleisch zäh und hart wird. Tafelspitz herausnehmen, in fingerdicke Scheiben schneiden, mit der Grünen Soße und feinen Pellkartoffeln servieren.

Zubereitung Grüne Soße

Alle Kräuter gründlich waschen und abtropfen lassen. Danach zusammen mit den Cornichons fein hacken. Saure Sahne, Joghurt, Senf und einen Spritzer Zitronensaft gut verrühren und mit Salz, Pfeffer und einer kleinen Prise Zucker würzen. Alles zusammen in einer großen Schüssel vermengen und beiseitestellen. Die 4 hartgekochten Eier grob würfeln und nach ungefähr ½ Stunde unterheben. Die Soße kalt stellen. Vor dem Servieren noch mal mit Salz und Pfeffer abschmecken.

Rezept: Stefan (Ökbert) Becker, Café Karin

Apfelweinbraten

Eine Spezialität aus neuerer Zeit, die auch eine Verfeinerung der Frankfurter Küche dokumentiert, ist der Apfelweinbraten, der eine gewisse Ähnlichkeit mit dem Sauerbraten hat. Hierbei wird das Fleisch mehrere Tage in einem Sud aus Apfelwein und Gewürzen eingelegt, bevor es gebraten wird. Der Apfelweinbraten kann auch gefüllt sein. Der Sud bildet die Grundlage für die äußerst delikate Soße. Dazu passen Kartoffelknödel.

Zutaten

1 Schweinenacken
2 gewürfelte Äpfel
150 g Rosinen
2 cl Calvados
3 Zwiebeln
3 l Apfelwein
1/4 Essig
Wacholder, Lorbeer, Nelken

Apfelweinbraten „Müllerin"

Zubereitung

Den Nacken an der Seite zu einer Tasche aufschneiden, mit den in Calvados marinierten Äpfeln und Rosinen füllen und zunähen.
Einen Sud aus Apfelwein, Essig, Lorbeer, Wacholder, Zwiebeln und Nelken bereiten. Den Nacken darin 3 Tage ziehen lassen. Danach scharf anbraten und im Backofen je nach Größe gar schmoren. Unter Verwendung des Apfelweinsuds eine Soße ziehen. Soße abschmecken und mit einem Schuss Calvados und etwas Balsamicoessig verfeinern.

Rezept: Zur Schönen Müllerin, Bornheim

Zutaten für 4 Personen

1,5 kg Schweinenacken
ca. 3 l Apfelwein (vorzugsweise hausgekeltert & kräftig)
ca. 1 l Apfelsaft, naturtrüb
3 Äpfel
3 Zwiebeln
3 Knoblauchzehen
2 Rosmarin-Zweige
1 Stange Lauch
1 EL Wacholderbeeren
4–6 Lorbeerblätter
1 Bund Petersilie
1 TL Zucker
Schweineschmalz
Pfeffer und Salz

Apfelweinbraten „Kunze"

Zubereitung

Obst und Gemüse grob zerkleinern, mit dem Schweinenacken und den restlichen Zutaten in einen entsprechend großen Behälter geben. Mit Apfelwein aufgießen, bis das Bratenstück bedeckt ist. 6–8 Tage abgedeckt und gekühlt ziehen lassen.

Bratenstück herausnehmen, trocken tupfen und mit Schmalz von beiden Seiten scharf anbraten. Aus der Pfanne nehmen und kurz ruhen lassen. In der Zwischenzeit die komplette Marinade in einen Bräter geben. Dann das Bratenstück dazulegen (verhindert das Ansetzen).

Ofen auf 150°C vorheizen und 2.½ Stunden auf der mittleren Schiene schmoren lassen. Von Zeit zu Zeit wenden und mit Apfelsaft aufgießen (Flüssigkeitsverlust ausgleichen). Am Ende der Schmorzeit mit einem Spieß prüfen, ob der Braten durch ist. Bei geringem Widerstand noch einige Minuten dazugeben.
Bratenstück entnehmen, die Marinade durch ein Sieb passieren, mit Salz und Pfeffer abschmecken und anschließend bei mittlerer Hitze die Soße langsam reduzieren, bis sie sämig ist. Eine Prise Zucker hebt nochmals den Geschmack!

Dazu passen hervorragend Kartoffelklöße und Gemüse oder ein knackiger Salat. Nach dem Anrichten auf einer Schale mit klein gehacktem Rosmarin garnieren.

Rezept: Apfelwein Kunze

Die Kartoffel in der Frankfurter Küche

Kartoffeln sind in Frankfurt eine beliebte Beilage, die es in zahlreichen Varianten gibt: von der einfachen Salzkartoffel zur Grünen Soße, dem Kartoffelpüree zum Rippchen, bis hin zu Bratkartoffeln, die zu diversen Gerichten serviert werden. Eine Spezialität, insbesondere zu Wurstgerichten, ist der Kartoffelsalat. Er wird traditionell mit Dörrfleisch zubereitet.

Zutaten für 4 Personen

1 kg Kartoffeln
200 g Dörrfleisch
1–2 Zwiebeln
2 Gewürzgurken
1 Tasse Fleischbrühe
6 EL Öl
3 EL Essig
1 TL Salz
1 Prise schwarzer Pfeffer
1 Bund Schnittlauch

Kartoffelsalat

Zubereitung

Die Kartoffeln nicht zu weich kochen, abschütten, pellen und etwas abkühlen lassen. Dann in dünne Scheiben schneiden, mit der heißen Fleischbrühe übergießen und gänzlich abkühlen lassen.
Aus dem Öl, Essig, Salz und dem Pfeffer eine Marinade anrühren und über den Salat gießen. Das in Würfel geschnittene Dörrfleisch knusprig braten und mit den gehackten Zwiebeln unter den Kartoffelsalat mischen.
Vor dem Servieren den gewaschenen Schnittlauch klein schneiden und über den Salat streuen.

Rezept: Kleinmarkthalle

Zutaten für 4 Personen

1,5 kg Kartoffeln
100 g geräucherter Speck
3 Lorbeerblätter
¾ l Sahne
Salz, Pfeffer, gekörnte Fleischbrühe, Essig, Stärke

Eine etwas andere Beilage als Bratkartoffeln, Kartoffelpüree oder einfach nur Brot ist das Kartoffelgemüse. An sich schon fast ein eigenes Gericht, passt es auch sehr gut zu Sauerkraut und diversen Fleischgerichten.

Kartoffelgemüse

Zubereitung

Die Kartoffeln waschen, kochen, anschließend pellen und dann in grobe Stücke schneiden. Den geräucherten Speck in einer großen Pfanne mit etwas Öl anschwitzen, Lorbeerblätter kurz mit anbraten und dann mit der Sahne ablöschen. Mit den Gewürzen und einem Schuss Essig kräftig abschmecken, unter ständigem Rühren aufkochen und reduzieren. Mit etwas Stärke oder Soßenbinder eindicken, bis eine sämige Konsistenz entsteht. Kurz aufkochen lassen. Die Kartoffelstücke unterheben, eventuell nochmals abschmecken.

Rezept: Schreiber-Heyne, Sachsenhausen

Im Worschtquartier

Die Frankfurter Metzgerinnung residierte jahrhundertelang in der Altstadt. Zwischen Römerberg und Dom standen die Schirnen, einfache aus Holz gezimmerte Verkaufsstände, an denen die Bürger frisch geschlachtetes Fleisch und Wurst kaufen konnten.

Worschtquartier nannte man das Viertel deshalb bereits im Mittelalter, und die engen Straßen hatten Namen, die auf das Handwerk hinwiesen, das hier sein Auskommen fand: Schlachthausgasse, Metzgergasse, Lange Schirn. Die Kunsthalle Schirn, in der heute Künstler aus aller Welt ihre Werke ausstellen, ist ein letztes Relikt, das an die glorreiche Zeit des Worschtquartiers erinnert.

Das Frankfurter Würstchen

Welche Tiere die Frankfurter Metzger schlachten und verarbeiten durften, war gesetzlich streng geregelt. Es gab Ochsen- und Hammelmetzger, Rinds-, Kalbs-, Pferde- und Schweinemetzger. Genannte hatten um 1280 einen genialen Einfall: Sie füllten erstmals einen Schweinedarm mit einem Brät aus Schweinefleisch, Fett und Gewürzen und „erfanden" damit das Frankfurter Würstchen. Ja, man mag es kaum glauben, aber das Frankfurter Würstchen wurde als Bratwurst geboren. Auf dem Holzkohlengrill wurde es zunächst heiß gemacht, bei der Krönungsfeier Maximilians II. im Jahr 1562 soll die Spezialität als schmackhaftes Füllsel in den am Spieß gebratenen Ochsen gesteckt haben, berichten die Chronisten. Krönungswürste wurden die Frankfurter Würstchen daraufhin auch genannt.

Treffpunkt der Wurstfanatiker: Die Verkaufsstände der Metzger hinter dem Dom, die sogenannten Schirnen.

Werbung für das Frankfurter Würstchen bei der Weltausstellung in Chicago.

Wann das Bratwürstchen aus Frankfurt zum Siedewürstchen wurde? Keiner weiß es. Fest steht lediglich, dass 1749 das erste Rezept dafür in Druck ging. Zartes Schweinefleisch von den Schenkeln mit Speck klein zu kochen wird darin empfohlen, anschließend solle die Masse mit Muskatnuss, Muskatblüte, Salz, Pfeffer, Thymian, Majoran und eventuell auch Koriander gewürzt werden. In Kochbüchern aus dem 19. Jahrhundert werden die „Frankfurter" mal gebraten, dann wieder gebrüht.

Die Wurstspezialität aus Frankfurt machte auch außerhalb der Stadt Furore. Frankfurter Würstchen standen auf den Speisekarten großer Hotels und Ozeandampfer und wurden gekrönten Häuptern und Politikern von Welt kredenzt. Fürst Bismarck soll sich fast jeden Tag daran delektiert haben. Und auch der österreichische Kaiser Franz-Joseph mochte die zarten Würstchen beim Gabelfrühstück angeblich nicht missen.

Apropos Österreich: Zum Kaiserreich spann sich bereits kurz nach der Jahrhundertwende von Frankfurt aus eine Wurstliaison, die fast zu einem Glaubenskrieg zwischen den Metzgern da wie dort geführt hätte. Geknüpft hatte die zarten Bande zwischen Deutschland und Österreich der in Franken geborene Schweinemetzger Johann Georg Lahner. Im Worschtquartier am Main hatte er sein Handwerk gelernt, war als junger Geselle auf die Walz gegangen und alsbald in der Kaiser- und Residenzstadt Wien gelandet. Dort fand er in einer reichen

Baronin eine Mäzenin. Sie lieh ihm 300 Gulden, und er richtete sich eine Selcherei in der Neustiftgasse ein. Das Rezept für die Frankfurter Würstchen hatte der junge Metzger im Gepäck. Für seine Kundschaft in der Donaumetropole veränderte er es allerdings: Er mischte das Schweinefleisch mit Rindfleisch, kreierte eine seinem Geschmack angepasste Würzmischung und brachte 1805 die Würstchen als „Wiener Frankfurter" auf den Markt. Als Lahner 1845 starb, hatten seine Würstchen als „Frankfurter" bereits den Wiener Markt erobert, andernorts wurden und werden sie auch noch als „Wiener" verkauft.

Wurst in Dosen

Die Metzger rund um den Frankfurter Dom kümmerte das erst mal wenig. Sie hatten andere Sorgen. Zu den Altschirnen hatten sich so genannte Neuschirnen gesellt. Mehr als 150 Fleischer versuchten um 1830 in den engen Gassen der Altstadt ihre Ware an den Mann und die Frau zu bringen. Da brachte eine Gesetzesänderung Rettung. Das Worschtquartier wurde Mitte des 19. Jahrhunderts aufgelöst, Frankfurter Metzger durften auch in anderen Bezirken schlachten sowie Fleisch und Wurst verkaufen. Sie machten davon lebhaft Gebrauch, und manch einen verschlug es sogar noch außerhalb der Stadtmauern. Adam Müller war einer von ihnen. Er gründete 1860 als Erster eine Wurstfabrik in Neu-Isenburg, weil Grund und Boden dort für einen Metzger bezahlbar waren, stellte Frankfurter Würstchen in großem Stil her und verschickte sie, in Konserven verpackt und haltbar gemacht, nach ganz Europa und sogar nach Übersee.

Das Würstchen aus Frankfurt war mittlerweile definitiv zum Brühwürstchen geworden, und das fein zermahlene Brät aus Schweinefleisch, Fett und Gewürzen steckte in einem Saitling, dem hauchdünnen Naturdarm von Schafen. Die Spezialität vom Main fand weltweit großen Anklang. 1893 wurden die Frankfurter Würstchen bei der Weltausstellung in Chicago und zwei Jahre später bei der internationalen Kochkunstausstellung in Frankfurt mit Auszeichnungen überhäuft. Das rief Nachahmer auf den Plan. Fleischer und Metzger aller Herren Ländern stellten ebenfalls Frankfurter Würstchen her. Die Frankfurter Metzger ließ das nicht ruhen. Sie forderten Gebietsschutz. Als „Frankfurter" sollten nur Würstchen bezeichnet werden dürfen, die auch in Frankfurt erzeugt worden waren. Dass die Metzger dafür auch öffentlich auf die Barrikaden gingen, lässt sich in den Frankfurter Nachrichten 1927 nachlesen. Da heißt es unter anderem:

Die Drommel ruft, der Kriegsruf gellt,
erstaunt ganz Frankfurt horcht,
die Metzger-Innung zieht ins Feld,
„Jetzo geht es um die Worscht“.

Die ächte Frankfurter for uns!
Zu lang ham mer gekuscht,
unn zugeguckt, wie Hinz und Kunz
ins Handwerk uns gepfuscht!

In Amsterdam, Paris unn Wien,
in Rotterdam unn uff Sylt,
kurz, wo nur steht a Worschtmaschin
wird „Frankforter“ gefüllt!

Den Zustand hawwe mer jetzt satt,
jetzt wird defor gesorgt,
daß kääner mehr der Vadderstadt
Ihrn gute Name vorgt.

Macht sonst nur Worscht, soviel ihr kennt,
des geht uns garnix aa.
Was „Echte Frankfurter“ mer nennt,
die mache mir allaa!

Drum uff zum Kampf die Fahne fliegt,
Fließt Blut, dann is uns wohl,
mer wanke net bis meer gesiegt
Um Frankforts Monopol!

Zwei Jahre später hatten es die Metzger der Mainstadt geschafft: Das Kammergericht in Berlin erkannte die Bezeichnung „Frankfurter Würstchen" als Herkunftsbezeichnung an. Nur Fabrikanten aus dem Wirtschaftsbezirk Frankfurt sollten demnach künftig das Recht haben, ihren Produkten diesen Namen zu geben. 1955 hat der Bundesgerichtshof dieses Urteil bestätigt.

Namenswirrwarr

Um die Verwirrung komplett zu machen: „Frankfurter" heißen die Frankfurter Würstchen aus reinem Schweinefleisch nur in Deutschland und der Schweiz. In den meisten anderen Ländern versteht man darunter die Wiener Variante aus Schweine- und Rindfleisch, die man in Frankfurt wiederum als „Wiener" auf den Teller bekommt. Und in Wien: Da gibt es neben den „Frankfurtern", die eigentlich Wiener sind, noch die extra langen Sacherwürstel, die ein findiger Fleischhauer nach dem berühmten Hotel benannt hat. „Wiener" sind in der Stadt an der Donau überhaupt keine zu bekommen. Wer sie bestellt, erntet höchstens ein verständnisloses Achselzucken.

Wie die Frankfurter gemacht werden

Bei Frankfurter Würstchen handelt es sich laut Lebensmittelkodex um dünne Brühwürste aus reinem Schweinefleisch. Zusammen mit Speck, Wasser, Kochsalz, Konservierungsmitteln und Gewürzen wird das Fleisch zu einem feinen Brät vermahlen und in einen Saitling (Dünndarm vom Schaf) abgefüllt. Die Frankfurter Würstchen werden nach traditioneller Art über Buchenholz geräuchert und erhalten so ihr besonderes Aroma. Sie dürfen niemals in kochendem Wasser heiß gemacht werden, man legt sie etwa acht Minuten in siedendes Wasser. Die drei größten Hersteller der original Frankfurter Würstchen – Müller, Brandenburg und Wille – haben heute ihren Sitz in Neu-Isenburg und Dreieich.

Wie man die Frankfurter isst?

Vor allem ohne Besteck, aus der Hand also, denn so schmecken die schlanken knackigen Würstchen nach Expertenmeinung am besten. Das wusste auch Mundartdichter Friedrich Stolze, der einst reimte:

So e Bratworscht muss indesse
Jeder ohne Gawl esse;
Nur die rechte Hand und linke
Sind als Gawle mit fünf Zinke
Noch gestatt – und des is gut,
weil sich kaans da steche duht.

Und dann gehören zu einem Paar Frankfurter noch Senf, Meerrettich und ein Wasserweck. Allenfalls Kartoffelsalat ist noch als Beilage erlaubt. An Heiligabend ist das seit Langem ein besonders beliebtes Gericht bei den Frankfurtern.

Die Rindswurst

Das Frankfurter Würstchen mag zwar der kulinarische Exportschlager der Mainmetropole schlechthin sein, es gibt aber noch eine andere Wurst, die weit über die Grenzen der Stadt hinaus berühmt geworden ist. Dieses Mal war es ein Rindermetzger, dessen Erfindungsreichtum Geschichte schreiben sollte. Sein Name hat für Wurstfetischisten noch heute einen überaus guten Klang: Karl Gref, der Begründer der heute noch in Frankfurt ansässigen Fleisch- und Wurstfabrikation Gref-Völsing.

Man schrieb das Jahr 1894, als Karl Gref von Meerholz nach Frankfurt zog, Minna, die Tochter des Kolonialwaren- und Spirituosenhändlers Friedrich Carl Völsing, heiratete und im Haus „Zum Goldenen Kalb" in der Schnurgasse 30 ein Metzgergeschäft eröffnete. Kurz darauf entdeckte der junge Metzger eine Marktlücke. Es gab kaum Rindswürste in der Stadt am Main, sehr zum Leidwesen der jüdischen Bevölkerung, für die Schweinefleisch und damit auch das Frankfurter Würstchen tabu waren. Karl Gref fabrizierte eine Brühwurst, ausschließlich aus dem Fleisch von Mastbullen, würzte das Brät kräftig und füllte es in Rinderdärme. Die Frankfurter Rindswurst war geboren und erfreute sich bald großer Beliebtheit.

Auf Kochkunstausstellungen im In- und Ausland errang die Gref-Völsing'sche Rindswurst Preise und Goldmedaillen, der kleine Laden in der Altstadt wurde bald zu eng, und Karl Gref baute 1913 ein viel größeres Haus in der Hanauer Landstraße am neu eröffneten Frankfurter Osthafen. Die Mainschiffer zählten dort zu seinen ersten Kunden, doch auch die Kunden aus dem „alten Frankfurt" kamen bis in die Hanauer Landstraße, um ihre Rindswurst bei Gref-Völsing zu kaufen. Dass es sich um das Original handelte, konnte man daran erkennen, dass Gref-Völsings Rindswürste nicht mit einer Schnur, sondern mit einem Metalldraht abgedreht waren. Später war der silberne Clip das Echtheitszertifikat, heute ist es der blaue Clip.

Tausende Rindswürste gehen bei Gref-Völsings in der Hanauer Landstraße täglich über die Theke. Verkauft wird die Frankfurter Wurstspezialität auch in Delikatessenläden und bei Metzgern in der ganzen Rhein-Main-Region.

Nachdem die Produktion in der Hanauer Landstraße während des Zweiten Weltkrieges wegen Fleischknappheit geruht hatte, werden seit 1948 wieder Rindswürste fabriziert. Und die Beliebtheit dieser renommierten Frankfurter Spezialität ist ungebrochen. Gref-Völsings Rindswürste gibt es nicht nur in einer Reihe gut sortierter Lebensmittelläden und Metzgereien in Frankfurt und der Region zu kaufen, das Geschäft floriert auch nach wie vor im Stammhaus in der Hanauer Landstraße. Tausende Rindswürste werden dort jeden Tag über die Theke gereicht. Besonders beliebt sind das große und das kleine Menü: eine beziehungsweise zwei Rindswürste mit Senf, dazu eine Tasse heißer Rinderbrühe und ein dunkelbraun gebackener Wasserweck.

Ein Geheimrezept für die Gref-Völsing'sche Rindswurst existiere nicht, sagen Dorothea Wohlberg und Friederike Satvary, die den Familienbetrieb in vierter Generation führen. Der knackige Biss rühre vielmehr daher, dass für die Wurstherstellung wie vor mehr als 100 Jahren ausschließlich reines Rinderfleisch, Rinderfett, Naturgewürze und Rinderdarm verwendet werden.

Mehr Würste

Die Wurstmetropole Frankfurt hat natürlich mehr als nur Frankfurter Würstchen und Rindwurst zu bieten. Das erkennt man am besten an den kleinen, aber feinen Speisekarten der Apfelweinwirte, die häufig auch Gerichte mit Blut- und Leberwurst auf den Teller bringen. Als Wurstspezialitäten stammen aus der Stadt am Main ursprünglich auch die Gelbwurst und die Frankfurter Fleischwurst.

Letztere ist sozusagen die Revanche der Frankfurter Schweinemetzger bei den Rindermetzgern, die dem Frankfurter Würstchen ein Rindfleischpendant entgegengesetzt hatten. Die Säumetzger füllten daraufhin ebenfalls Schweinebrät in dickere Därme ab. Als „haaß Fleischworscht" ist das Original auch heute noch überall beliebt.

Die Gelbwurst hingegen wird grundsätzlich kalt verspeist. Sie ist wesentlich heller gefärbt und besteht aus Kalb- und Schweinefleisch. Hirn, wie in früheren Jahren üblich, kommt heute nicht mehr in die Gelbwursthaut.

Dass auch Blut- und Lewwerworscht Frankfurter Spezialitäten sind, hat damit zu tun, dass jahrhundertelang Hausschlachtungen gang und gäbe waren in der Stadt am Main. Von Mitte Oktober bis Fastnacht durften die Bürger einst sechs Schweine schlachten. Zusammen mit Hilfskräften und Nachbarn wurde das Fleisch verarbeitet. Aus der Worschtsupp fischte man Blut- und Leberwürste, leicht verderbliche Kost zu einer Zeit, in der es noch keine Kühlschränke und Kühltruhen gab. Würste waren deshalb Winterware. Im Sommer kamen sie höchst selten auf den Tisch.

Schon eher wird dann der Schwartenmagen kredenzt. Den haben die Frankfurter Metzger zwar nicht erfunden, aber so verfeinert, dass die kugelrunde Wurst aus grobem Schweinefleiscb, in der auch Schwarten und Knorpeln mitverarbeitet sind, schon zu Goethes Zeiten weit über die Stadtgrenzen hinaus berühmt war. Bis nach Weimar ließ sich der Dichterfürst den Frankfurter Schwartenmagen nachschicken.

Zeppelinwurst

Und noch eine historische Wurstspezialität gibt es in der Mainmetropole. Im Jahr 1909 verehrte der Frankfurter Fleischer Stephan Weiß dem Grafen Zeppelin eine Leberwurst, die er nach dem Patent als „Ried-es Delikatess-Leberwurst" herstellte und verkaufte. Dem Grafen schmeckte die feine Wurst. Er gestattete der Fleischerei Weiß, die Leberwurst als Zeppelinwurst zu vertreiben, und das, „obgleich seine Excellenz sonst jeder Reklame abhold waren", wie Zeitgenossen zu berichten wussten. Einige Jahre war die Zeppelinwurst ein richtiger Renner. Aufs Brot gestrichen wurde sie auch während der ersten Luftfahrtausstellung in Frankfurt. Zu kaufen gibt es die originale Zeppelinwurst heute, fein säuberlich in Dosen abgepackt und mit historischem Etikett, in der Fressgass in Eberts Suppenstube.

Adelige Leberwurst: Der Frankfurter Metzger Stephan Weiß durfte seine Kreation 1909 nach dem Grafen Zeppelin nennen.

Moderne Kreationen

Manch ein Metzger hat sich in letzter Zeit auch Neues überlegt, eine Apfelwein- und Handkäsbratwurst erfunden, Apfelweinschinken kreiert und die Frankfurter Weißwurst mit den sieben Kräutern der Grünen Soße gewürzt. Zu regelrechten Spezialitäten haben es diese Wurstvariationen bisher noch nicht gebracht. Dafür sind sie wohl auch noch zu jung.

Brenten

Goethes Marzipan

Die Geschichte der Frankfurter Zuckerbäcker ist auch eine Geschichte des Marzipans. Das älteste Rezept für die süße, schwere Masse steht im „New Kochbuch" des Marx Rumpolt, das 1581 in Frankfurt erschienen ist: Zerstoßene Mandeln und die gleiche Menge Zucker empfahl er als Zutaten, sie sollten mit etwas Rosenwasser, Ei und feinstem Mehl vermengt werden.

Vermutlich schon zu Beginn des 18. Jahrhunderts formten die Frankfurter Zuckerbäcker aus dem solcherart zubereiteten Marzipan die ersten Brenten. Ihr Name leitet sich vom englischen Wort „to print – drücken, drucken" ab. In große Holzformen wurde das Marzipan gepresst, ehe es für kurze Zeit im Ofen abgeflämmt und damit quasi versiegelt wurde. Die hölzernen Formen für die Brenten waren früher bis zu zwei Meter hoch und zum Teil wahre Kunstwerke: Damen, Ritter, Herolde und verschiedene Fabeltiere waren darauf zu sehen. Erst später wurden sie in mundgerechte kleine Stücke geschnitten.

Brenten wie zu Goethes Zeiten: In der Backstube des alten Cafés Schneider werden sie noch hergestellt.

Für die Herstellung der Brenten hatte jede Frankfurter Patrizierfamilie ihr streng gehütetes Geheimrezept. Auch Goethes Großmutter Anna Margaretha Justina Textor schwor auf eine besondere Art der Zubereitung, und seine Mutter schickte dem Dichterfürsten Jahr für Jahr in der Vorweihnachtszeit ein Päckchen der süßen Marzipanknabbereien ins ferne Weimar. Ganz ohne Ärger ging dies freilich nicht ab. 1803 nämlich wurde die Postkutsche, in der die Brenten

Frankfurter Köche waren stets sehr selbstbewusst. Nicht zuletzt wusste Goethes Mutter ihre Kochkunst ins rechte Licht zu rücken. „Vor Fürsten fürcht' ich mich nicht, ich kann kochen", soll sie gesagt haben, als der Herzog von Weimar seinen Besuch im Haus am Großen Hirschgraben ankündigte.

reisten, von Räubern überfallen. „Dass die Schurcken den Confect gefreßen haben, hat mich geärgert", schrieb Frau Rat Goethe in einem Brief an ihre Schwiegertochter. Und wusste fürs nächste Jahr Abhilfe zu schaffen: „Den Confect sollen die Spitzbuben dißmal ungefreßen laßen – die Schachtel wird emballiert!"

Nach dem Tod seiner Mutter beauftragte Goethe den Frankfurter Buchhändler Jügel damit, ihm Naschwerk „vom berühmtesten Konditor" schicken zu lassen. Mit der Lieferung scheint er zufrieden gewesen zu sein. Jahr für Jahr sind in seinem Haushaltsbuch Zahlungen an den Frankfurter Zuckerbäcker Anton Bernoully in der Töngesgasse 25 verzeichnet.

Der Dichter Eduard Mörike hat den Frankfurter Brenten ein ganzes Gedicht gewidmet. In Reimen erzählt er, wie sie fabriziert werden.

Frankfurter Brenten

Eduard Mörike

Mandeln erstlich, rat' ich dir,
Nimm drei Pfunde, besser vier
(Im Verhältnis nach Belieben);
Diese werden nun gestoßen
Und mit ordinärem Rosenwasser
feinstens abgerieben.

Je aufs Pfund Mandeln akkurat
Drei Vierling Zucker ohne Gnad'!
Denselben in den Mörsel bring',
Hierauf ihn durch ein Haarsieb schwing.

Von deinen irdenen Gefäßen
Sollst du mir dann ein Ding erlesen,
Was man sonst eine Kachel nennt,
Doch sei sie neu zu diesem End'!
Drein füllen wir den ganzen Plunder
Und legen frische Kohlen unter.

Jetzt rühr' und rühr' ohn' Unterlaß,
Bis sich verdicken will die Mass',
Und rührst du eine Stunde voll!
Am eingetauchten Finger soll
Das Kleinste nicht mehr hängen bleiben;
So lange müssen wir es treiben.

Nun aber bringe das Gebrodel
In eine Schüssel (der Poet,
Weil ihm der Reim vor allem geht,
Will schlechterdings hier einen Model,
Indes der Koch auf ersterer besteht.)

Darinne drück's zusammen gut!
Und so hat es über Nacht geruht,
Sollst du's durchkneten Stück für Stück,
Auswellen messerrückendick.
(Je weniger Mehl du streuest ein,
Um desto besser wird es sein.)

Alsdann in Formen sei's geprägt,
Wie man bei Weingebacknem pflegt;
Zuletzt – das wird der Sache frommen –
Den Bäcker scharf in Pflicht genommen,
Daß sie schön gelb vom Ofen kommen!

Bethmännchen

Süße Mandeln für ein Bankhaus

Die Bethmännchen sind wohl die am besten erforschte Frankfurter Spezialität. Nahezu lückenlos lässt sich ihre Entstehungsgeschichte erzählen. Das verdankt die süße Köstlichkeit dem Frankfurter Konditor Karlheinz Gundlach. Er studierte alte Rezeptbücher der Zuckerbäcker, blätterte in den Folianten des Stadtarchivs und fand heraus, dass es ein Franzose war, der die Frankfurter Bankiersfamilie Bethmann 1838 mit seinem wohlschmeckenden Einfall überraschte.

Zutaten

- 100 g Marzipanrohmasse
- 100 g Backzucker
- etwas Honig
- etwas abgeriebene Zitronenschale
- einige Tropfen Rosenwasser
- 250 g geschälte halbe Mandeln

Frankfurter Bethmännchen

Zubereitung

Alle Zutaten, außer den halbierten Mandeln, werden gut miteinander verknetet. Von dieser Masse werden nun kleine Kugeln geformt, die mit drei in Wasser angefeuchteten Mandeln angedrückt werden. Die Bethmännchen werden auf ein Blech, das mit Backpapier belegt ist, gesetzt und im Backofen bei großer Hitze abgeflämmt, bis sie eine kleine goldgelbe Kappe haben. Diese Kappe wird zum Schluss mit Gummiarabicum abgestrichen. Man kann auch etwas Eigelb nehmen, wenn man kein Gummiarabicum zur Hand hat.

Rezept: Konditormeister Ulrich Bind, Altes Café Schneider

blüten

Jean Jacques Gautenier hatte Ende des 18. Jahrhunderts Paris verlassen und sich in Friedrichsdorf im Taunus niedergelassen. Von dort engagierten ihn die Bethmanns als Küchenchef. Mit dem schweren und süßen Marzipanteig der Frankfurter Brenten, die damals noch in riesigen Modeln hergestellt wurden, mag der findige Franzose nicht klargekommen sein. Er formte die Gebäckmasse deshalb kurzerhand zu kleinen, mundgerechten Kugeln um und verzierte sie mit vier Mandelhälften – für jeden der vier Söhne der Familie Bethmann, Moritz, Karl, Alexander und Heinrich, eine. Als Heinrich 1845 jung starb, wurden die Bethmännchen nur noch mit drei Mandeln verziert. Mit dieser Tradition haben die Frankfurter Konditoren bis heute nicht gebrochen.

Bei Bethmanns wurde das halbkugelförmige Marzipangebäck nach seiner „Erfindung" stets zum Fünfuhrtee gereicht. Während des Fürstentages 1863 taten sich bei einer Soirée in der Villa Ariadne auch Kaiser Franz-Joseph von Österreich sowie 24 Fürsten und vier Bürgermeister der freien Städte daran gütlich. Und auch in den Frankfurter Konditoreien fand das Rezept von Jean Jacques Gautenier bald viele Liebhaber. Die Bethmännchen wurden vor allem als Gebäck vor Weihnachten hergestellt. Mittlerweile sind sie in den Frankfurter Geschäften das ganze Jahr über zu haben.

Der Brezelbub

Es klingelt, und er ist da. Manches Mal schiebt er sich auch fast lautlos durch die Gästeschar und steht plötzlich vor dem Tisch, den Korb mit allerlei Backwerk am Arm. Der Brezelbub ist ein Frankfurter Original, das aus den Apfelweinlokalen nicht wegzudenken ist.

Dass ihnen mit dem herumziehenden Brezellieferanten Konkurrenz von außen erwuchs, hat die Apfelweinwirte nie gestört. In den einfachen Wirtschaften mit den getäfelten Wänden und den langen Tischen und Bänken aus blankem Holz war die Speisekarte von jeher nicht besonders umfangreich. Da konnte es nicht schaden, dass den Gästen Zusätzliches zum Knabbern geboten wurde. Zu Zeiten, als die Apfelweinkelterer sich ausschließlich auf den Ausschank des Stöffchens beschränkten, war der Brezelbub sogar höchst willkommen. Nicht nur Brezeln bot er feil, sondern auch Salz- und Mohnstangen, Kümmelweck, Haddekuchen und süße Makrönchen. Die Gäste hatten was zu beißen, und der Wirt durfte darauf hoffen, dass zum frischen Gebäck auch ein neuer Schoppen bestellt wurde.

Heute eilt immer noch mancher Brezzelbub durch Sachsenhausen, Bornheim und Seckbach. Jugendlichen Alters ist kaum einer von ihnen. Der Altfrankfurter Profession frönen eher die älteren Semester.

Haddekuche

Der Haddekuche macht seinem Namen alle Ehre. Denn er ist vor allem eines: hart. Das kommt daher, dass das rautenförmig geschnittene und mit einem ebensolchen Muster versehene Zimtgebäck recht schnell austrocknet. Den Frankfurtern macht das nur wenig aus. Wenn der Brezelbub mit seinem Korb vor ihnen steht, verlangen sie auch heute noch den „harten Kuchen", den sie aus Kindertagen kennen. Zum Stöffchen in der Apfelweinkneipe oder auf der Dippemess passt er ebenso gut wie zum heißen Glühwein auf dem Weihnachtsmarkt.

Schmeckt der Haddekuche immer noch so wie damals? Manch einer schüttelt den Kopf. Ist's eine andere Gewürzmischung? Ist das Lebkuchengebäck weicher oder härter als das Original? Wer will das schon sagen! Den Haddekuche von einst, das steht fest, gibt es nicht mehr. Bäckermeister Horst Funk, der Letzte seiner Zunft, der das Originalrezept des Frankfurter Haddekuchens noch besitzt, hält es unter Verschluss. Aus Altersgründen hat er seine Backstube in der Mörfelder Straße geschlossen. Einen Nachfolger gibt es nicht. Nur dem aber, sagt Horst Funk, würde er verraten, wie der echte Haddekuchen genau gebacken wird. Wer vorher schon mal probieren möchte, die braunen Gebäckrauten zu fabrizieren, muss mit einem Rezept vorliebnehmen, das in Frankfurt kolportiert wird.

Zutaten

500 g Weizenmehl
250 g Zucker
120 g Margarine
1 TL Kakao
1 TL Lebkuchengewürz
1 TL Zimt
1 TL Kardamom
1 Packung Backpulver
1 Ei
1–2 Eiweiß
75 ml Milch

Haddekuchen

Zubereitung

Alle Zutaten in eine Schüssel geben und zu einem Teig verrühren. Sobald sich der Teig vom Schüsselrand löst, legt man ihn auf eine mit Mehl bestreute Oberfläche und rollt ihn dort aus. Aus dem Teig werden rautenförmige Rechtecke herausgeschnitten, dann ritzt man das ebenfalls rautenförmige Muster mit einem Messer ein und bestreicht die Kuchen mit Eiweiß.

Geben Sie die Haddekuchen nun in den Backofen und lassen Sie diese dort etwa 13–15 Minuten bei 180 Grad backen.

Frankfurter Kranz

Prächtig anzusehen und üppig, was seine Zutaten betrifft, ist er das Aushängeschild der Frankfurter Konditorkunst – der Frankfurter Kranz. Die Entstehungsgeschichte des ringförmigen Kuchens ist nirgendwo dokumentiert. Doch man erzählt sich, er sei anlässlich einer Kaiserkrönung in der Stadt am Main erfunden worden. Folgerichtig soll der Frankfurter Kranz die Kaiserkrone symbolisieren.

Die roten Kirschen, die das mit Buttercreme gefüllte und überzogene Backwerk schmücken, erinnern an Rubine. Der darauf gestreute, zerkleinerte Krokant schimmert wie Blattgold auf einem gekrönten Haupt.

Die Form des Frankfurter Kranzes als Ringkuchen ist vorgegeben; was die Zutaten für das leckere Backwerk betrifft, gibt es jedoch Varianten. Aus Biskuitteig kann der Frankfurter Kranz hergestellt werden oder aus Rührteig. Gefüllt wird er je nach Geschmack mit einer Vanille-, Maraschino- oder Mokkacreme. Traditionalisten bestreuen den Frankfurter Kranz mit Krokant. Geröstete Haselnüsse oder gehackte Mandeln dienen ebenfalls als Verzierung.

Eine Variante des Frankfurter Kranzes war in früheren Jahren der sogenannte Goethe-Kranz. Er besteht aus einer Mandelmasse, ist mit Pistazien-Buttercreme gefüllt, mit grüner Fondantglasur überzogen und von Trüffelschokolade eingehüllt.

Zutaten Biskuitteig

4 Eigelb
4 Eiweiß
2 EL warmes Wasser
1 Päckchen Vanillezucker
120 g Zucker
1 Messerspitze Salz
90 g Mehl
50 g Speisestärke
4 cl Kirschwasser
etwas Puderzucker
1 Packung Krokant
Belegkirschen
Semmelbrösel

Zutaten Vanille-Buttercreme

350 g Butter
140 g Zucker
40 g Speisestärke
3 Eigelb
$1/2$ l Milch
1 Vanilleschote

Frankfurter Kranz

Aus Kirschwasser-Biskuit mit einer Vanille-Buttercreme

Zubereitung Biskuitteig

Eigelb mit einem Handrührgerät verrühren und mit dem warmen Wasser schaumig schlagen. Etwa 80 g Zucker und den Vanillezucker dazugeben und so lange schlagen, bis eine hellcremige Masse entsteht.
Das Eiweiß steif schlagen, den restlichen Zucker dabei einrieseln lassen. Den Eischnee unter die Eigelbmasse heben. Stärke, Mehl und Salz mischen und darübersieben. Alles vorsichtig und gründlich mischen. Die Kranzform sorgfältig ausfetten und leicht mit gesiebten Bröseln ausstreuen. Die Biskuitmasse gleichmäßig einfüllen und bei ca. 190 Grad etwa 35–40 Minuten backen.

Den Kranz einige Minuten abkühlen lassen und dann stürzen. Erst am nächsten Tag in drei Lagen teilen (statt eines langen Messers hilft hier auch ein fester Zwirn).

Zubereitung Vanille-Buttercreme

Vanillecreme: Vanilleschote auskratzen, das Mark und die Schale in der Milch aufkochen. Eigelb und Zucker in einer Schüssel schaumig rühren, dann die heiße Vanillemilch dazugeben. In einem Wasserbad etwa 10 Minuten rühren, bis die Soße angedickt ist. Die Schote entfernen.

Butter: Die Butter rechtzeitig aus dem Kühlschrank nehmen und auf Zimmertemperatur erwärmen lassen. Butter und Zucker mit einem Handrührgerät auf höchster Stufe verrühren.

Verrühren: Butter und Vanillecreme müssen die gleiche Temperatur haben, nur so lassen sie sich verrühren, ohne dass die Creme gerinnt. Rührgerät nur bei kleiner bis mittlerer Stufe laufen lassen.

Zubereitung Frankfurter Kranz

Das Kirschwasser und den Puderzucker miteinander verrühren, bis eine leicht eingedickte Flüssigkeit entsteht. Damit jeweils eine Lage des Biskuits bestreichen und einziehen lassen.

Zwei Drittel der Buttercreme auf die Lagen gleichmäßig verteilen und dabei den Kranz zusammensetzen. Die Buttercreme über die Ränder streichen. Etwa die Hälfte der restlichen Buttercreme außen und innen am Kranz verteilen, mit einer Spachtel oder einem Papierstreifen glatt ziehen. Den rundum mit Creme bedeckten Kranz mit Krokant bestreuen. Die restliche Buttercreme in einen Spritzbeutel füllen und gleichmäßig verteilt, üblich sind 16 Tupfer, auf den Kranz aufspritzen (am besten immer abwechselnd gegenüber aufspritzen). Die Tupfer jeweils mit einer halben Belegkirsche garnieren.

Rezept: Sweet Art

Mehr Süßes

Allzu komplizierte Rezepte für Kuchen und Nachspeisen mögen die Frankfurter nicht. Das raffinierte Backen überlassen sie lieber den Konditoren, die von jeher Wienerisches und Französisches in ihren Backstuben fabrizieren. Wer am heimischen Herd Süßes zubereitet, für den gilt hingegen: Das Einfache ist das Bessere.

Zutaten für 6 Personen

100 g Butter
150 g Zucker
3 Eier
1 Tasse Milch
75 g Mehl
50 g Weckmehl
1 Packung Backpulver
1 EL Kakaopulver
100 g Mandelblättchen
4 cl Kirschwasser
10 Milchbrötchen
750 g Schwarzkirschen
etwas Zimt

Der Auflauf aus geschnittenem Weißbrot, Eiern, Milch, Zucker und frischen Kirschen ist eigentlich ein Reste-Essen. Der Kirschenmichel ist flott zubereitet und passt auch nach einer Suppe als Hauptmahlzeit.

Frankfurter Kirschenmichel

Zubereitung

Butter und Zucker schaumig schlagen, die Eier dazugeben und unterrühren, Milch und Kirschwasser einfließen lassen. Mehl, Weckmehl, Kakao, Zimt, Backpulver vermischen und nach und nach im Teig einrühren. Die Milchbrötchen in dünne, etwa 1,5 Zentimeter breite Streifen schneiden und zusammen mit den Kirschen (mit Stein) untermischen.

Eine Springform mit Backpapier auslegen und die Seiten einfetten. Den Teig einfüllen und bei 175 Grad etwa 60–70 Minuten backen. Aus der Form nehmen und nach dem Erkalten mit Puderzucker bestäuben.

Zutaten

500 g Mehl
40 g Hefe
¼ l Milch
½ Zitrone
100 g Butter
2 Eier
80 g Zucker
½ TL Salz
2–3 Pfund Zwetschgen
für den Belag

Quetschekuche

Im Sommer, wenn das Kernobst reift, beginnt für die Frankfurter die große Zeit der Blechkuchen. Dann wird alles auf den Teig gepackt, was die Natur an Früchten hergibt. In und um Frankfurt sind das vor allem Äpfel, aber auch Zwetschgen, die sogenannten Quetsche.

Zubereitung

Das Mehl in eine Schüssel sieben, in der Mitte eine Vertiefung eindrücken und die Hefe hineinbröckeln und mit der lauwarmen Milch auflösen. Etwas Mehl darüberstreuen und ca. 15 Minuten zugedeckt an einem warmen Ort gehen lassen. Die Butter schmelzen, den Zucker, die Eier, das Salz und die geriebene Zitronenschale zugeben. Diese Mischung dem Vorteig hinzufügen und so lange schlagen (am besten mit einem Holzkochlöffel), bis sich der Teig vom Schüsselrand löst. Nun den Teig nochmals ca. 15 Minuten gehen lassen. Auf ein gut gefettetes Backblech verteilen. Zum Aufsaugen des Saftes empfiehlt sich, über den Teig Zwiebackmehl zu streuen.

Die Zwetschgen waschen, aufschneiden, entkernen und auf dem Teig verteilen. Bei 220 Grad 40–50 Minuten backen. Vor dem Verzehr mit Zucker bestreuen. Noch besser schmeckt der Quetschekuche mit frisch geschlagener Sahne.

Rezept: Frankfurter Kleinmarkthalle

Der Apfel darf auch beim Nachtisch nicht fehlen, ein Klassiker sind die Äppelränzcher oder auch Apfelringe. Sie lassen sich prima mit Eis kombinieren.

Zutaten für 4 Personen

4 säuerliche, feste Äpfel
1 Ei
150 g Mehl
etwas Milch
1 EL Zucker
1 Prise Salz

Äppelränzcher – Apfelringe im Backteig mit Vanilleeis

Zubereitung

Aus dem Ei, dem Mehl und der Milch einen zähflüssigen Teig anrühren, je nach Beschaffenheit etwas Mehl oder Milch zugeben. Zucker und Salz unterrühren.

Die Äpfel schälen, Kerne ausstechen und in etwa 0,5 Zentimeter dicke Scheiben schneiden. Die Apfelscheiben ganz in den Backteig eintauchen und sofort in einer Pfanne mit viel Öl oder in einer Friteuse von beiden Seiten ausbacken. Die heißen Apfelscheiben auf einen Teller legen und das Vanilleeis danebensetzen.

Rezept: Malepartus, Bornheim

Zutaten

120 g Butter
150 g Zucker
4 Eigelb
4 Eiweiß
160 g Weißbrotwürfelchen ohne Rinde
60 g gehackte Mandeln
20 g Orangeat
20 g Zitronat
2 cl Rum
Rotwein
20 g Kakaopulver
Zimt
gemahlene Nelken
abgeriebene Schale einer Zitrone

Frankfurter Pudding

Dass, was man sich heutzutage unter einem Pudding vorstellt, ist er nicht gerade. Der Frankfurter Pudding ist eher ein Auflauf, der wahlweise aus Biskuit oder Schwarzbrot – klein geschnitten oder zu Bröseln zerrieben – vermischt mit Zucker, Butter, Eiern, geriebenen Haselnüssen oder Mandeln, Rotwein oder Rum und Obst zusammengerührt und anschließend in kleinen Förmchen im Wasserbad gekocht wird.

Zubereitung

Die Brotwürfel mit dem Rotwein und dem Rum anfeuchten. Die Butter mit der Hälfte des Zuckers schaumig rühren und das Eigelb einrühren. Das Eiweiß mit dem Rest des Zuckers zu festem Schnee schlagen. Die Brotwürfelchen, Mandeln, Kakao, Orangeat, Zitronat und die Gewürze gleichzeitig mit dem Eischnee unter die Buttermasse ziehen. In gebutterte und mit Zucker ausgestreute Förmchen füllen und etwa 20 Minuten im Wasserbad im Ofen bei 180°Grad pochieren.

Zum Frankfurter Pudding gibt's Bischofssoße aus Rotwein. Sie muss von intensivem Rot sein, wie das Gewand eines kirchlichen Würdenträgers, heißt es.

Rezept: Ulrich Bind, Altes Café Schneider

Zutaten

¼ l Rotwein
¼ l Wasser
1 Nelke, 1 Zimtstange
2 TL Speisestärke
etwas Zitronenaroma
250 g Puderzucker

Bischofssoße

Zubereitung

Wein mit Wasser, Puderzucker, Zitronenaroma, der Nelke und der Zimtstange aufkochen. Stärke mit kaltem Wasser verrühren und dem Wein-Zucker-Gemisch beigeben, 3–4 Minuten kochen.

Zutaten für 10 Personen

4 Pakete Löffelbiskuit
500 ml kalter Kaffee
800 g Mascarpone
170 g Zucker
300 g geschlagene Sahne
blanchierte Apfelwürfelchen
Apfelbrand oder Calvados

Apfel-Tiramisu

Eine süße Köstlichkeit, die mittlerweile in Frankfurt weite Verbreitung gefunden hat und ihre Herkunft aus den südlichen Gefilden nicht verhehlen kann, ist eine Abwandlung des klassischen Tiramisus, das Apfel-Tiramisu. Sie ist beispielhaft dafür, wie auch heute noch internationale Gerichte in die Frankfurter Küche integriert werden.

Zubereitung

Den Mascarpone mit dem Zucker so lange rühren, bis sich der Zucker aufgelöst hat und die Masse cremig ist. Nun die Apfelwürfel vorsichtig darin verrühren und die geschlagene Sahne unterheben.
Etwas Apfelbrand in den kalten Kaffee geben und die Löffelbiskuits kurz darin tunken, dann diese eng in einer Flachform auslegen. Eine Schicht Mascarpone darauf glatt streichen und mit Kakao abstäuben, darauf wieder eine Schicht setzen, zum Schluss mit Mascarponecreme abschließen. Mit Kakao bestäuben und ein paar Stunden im Kühlschrank durchziehen lassen.

Rezept: Schuchs Restaurant, Praunheim

Zutaten für 20 Stück

500 g Mehl
40 g Hefe
50 g Zucker
1 TL Salz
$\frac{1}{8}$ l Milch
2 Eier
100 g Butter
$\frac{1}{2}$ Zitrone

Kreppel

Nicht rund wie die Berliner, sondern in ovaler Form werden an Fastnacht in Frankfurt Kreppel aus Hefeteig gebacken. Marmelade kommt keine in die Frankfurter Kreppel. Man isst sie traditionell ungefüllt.

Zubereitung

Das Mehl in eine Schüssel sieben, in der Mitte eine Vertiefung eindrücken, die Hefe hineinbröckeln und mit der lauwarmen Milch auflösen. Etwas Mehl darüberstreuen und ca. 15 Minuten zugedeckt an einem warmen Ort gehen lassen. Die Butter schmelzen, den Zucker, die Eier, das Salz und die geriebene Zitronenschale zugeben. Diese Mischung dem Vorteig hinzufügen und so lange schlagen (am besten mit einem Holzkochlöffel), bis sich der Teig vom Schüsselrand löst. Nun den Teig nochmals ca. 15 Minuten gehen lassen. Den Teig auf ein bemehltes Blech stürzen, zu einer langen Rolle formen und in gleichmäßige, eckige Stücke schneiden. Nochmals gehen lassen. Die Kreppel in sehr heißem Fett schwimmend ausbacken; dabei ständig bewegen. Gut abtropfen lassen und mit Zucker bestreuen.

Rezept: Frankfurter Kleinmarkthalle

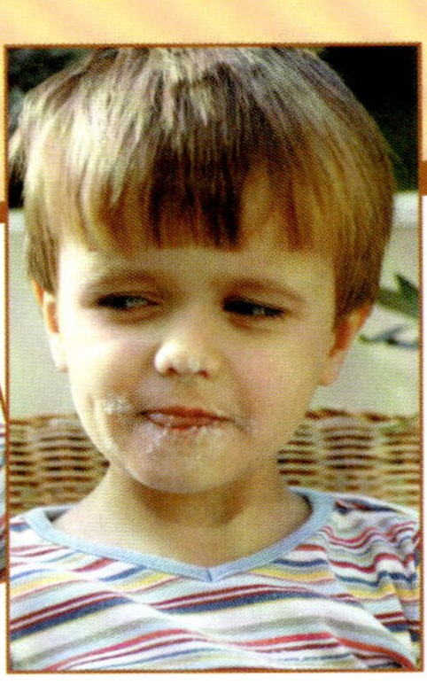

RATNAGIR
INTERNATIONAL

Kaffee und Tee

Kaffee, Tee und wertvolle Gewürze aus aller Herren Ländern werden seit Hunderten von Jahren in Frankfurt gehandelt. „An Frankfurt führt kein Weg vorbei“, sagten die Kaufleute bereits im Mittelalter. 1240 bekam die Stadt das Messeprivileg, 1372 wurde Frankfurt freie Reichsstadt. Traditionsreiche Unternehmen sind an den Ufern des Mains entstanden – vom kleinen Kolonialwarenladen bis zum großen Handelskontor.

Wacker's am Kornmarkt

Dort, wo angeblich schon Johann Wolfgang von Goethe als kleiner Junge mit seiner Mutter Milch geholt haben soll, wird seit bald 100 Jahren feinster selbst gerösteter Kaffee verkauft. In einem alten Fachwerkhaus am Kornmarkt 15 hat Wacker's Kaffee seinen Stammsitz. 23 Jahre war Luise Wacker alt, als sie 1911 aus dem Schwäbischen nach Frankfurt kam, berichtet die Firmenchronik. In drei Lehrjahren erwarb sie sich genügend Kenntnisse, um sich „mutig und entschlossen“ selbständig zu machen. 1914, kurz vor Ausbruch des Ersten Weltkrieges, eröffnete sie im Eckhaus Kornmarkt / Bleidenstraße ihr Feinkostgeschäft mit eigener Kaffeerösterei.

Die Frankfurter waren angetan von der jungen Frau. Bohne für Bohne, handverlesen, wurde bei Wacker's der Kaffee täglich frisch geröstet. Der erste Weltkrieg unterbrach den erfolgreichen Handel zwar für ein paar Jahre, doch schon 1919 konnten Luise Wacker und ihr aus Russland stammender Mann Jakob Slutzky das Haus Kleiner Kornmarkt 15 kaufen. Zum ersten Mal gab es für die Mainstädter dort im Schaufenster eine Kaffee-Röstmaschine zu bestaunen. Luise Wackers Laden wurde zu einer Institution in der Frankfurter Innenstadt.

Seit bald 100 Jahren werden die braunen Bohnen geröstet, erst am Kornmarkt, seit 2002 in Fechenheim.

Der Zweite Weltkrieg setzte dem erfolgreichen Handel mit geröstetem Kaffee erneut ein jähes Ende. Luise Wackers Mann musste in die USA emigrieren. Die junge Geschäftsfrau blieb mit ihren Kindern zwar in Deutschland. Ihren Kaffee verkaufte sie aber nur noch in Bad Soden am Taunus. Erst 1955 kehrte Luise Wacker nach Frankfurt zurück. Das alte Fachwerkhaus am Kornmarkt hatten die Bomben 1944 in Schutt und Asche gelegt. Doch es wurde wieder aufgebaut, und Luise Wacker richtete ihren Laden an der gewohnten Adresse ein. Eine Kaffeebar gab es dort jetzt auch – mit original italienischer Espressomaschine, an der vor den Augen der Gäste der Kaffee frisch zubereitet wurde.

Frisch aufgebrühter Kaffee wird heute immer noch am Kornmarkt ausgeschenkt, auch Kaffee – gemahlen und in ganzen Bohnen – gibt es zu kaufen. Geröstet jedoch werden die edlen Bohnen seit 2002 in Fechenheim. Als Kaffeehaus hat das Wacker's Zuwachs bekommen. 1995 wurde eine Dependance im Mittelweg eröffnet, seit 1999 gibt es das Wacker's Café in der Bergerstraße am Uhrtürmchen.

Wissmüller in der Leipziger Straße

Zwei Dutzend Kaffeeröstereien gab es nach dem Zweiten Weltkrieg in Frankfurt. Zu den ganz wenigen, die überlebt hat, gehört auch die Rösterei Wissmüller in Bockenheim.

Man schrieb das Jahr 1949, als Hermann Wissmüller die ersten braunen Bohnen in der Frankfurter Schlossstraße röstete. Eigentlich war der junge Mann 1938 aus Franken an den Main gekommen, um als Bäcker zu arbeiten. Doch das war nach dem Krieg nicht so einfach. Hermann Wissmüller entschied sich deshalb um und verdiente fortan sein Geld mit dem Rösten von Kaffee.

1955 übersiedelte die Kaffeerösterei Wissmüller in die Leipziger Straße, und dort ist sie – in einem Hinterhof der Hausnummer 39 – bis heute untergebracht. Wer den kleinen Verkaufsraum betritt, wähnt sich um Jahrzehnte in der Zeit zurückversetzt. Und ein Blick ins Zimmer nebenan, wo die 50 Jahre alte Röstmaschine immer noch ihren Dienst tut, lässt erahnen, dass noch feinste Handarbeit geleistet wird. Man mag es kaum glauben, aber der 88-jährige Seniorchef, seine Enkel und Mitarbeiter rösten in der Leipziger Straße jede Woche drei Tonnen Kaffee. Darunter auch den beliebten Perl-Kaffee, eine rare Hochlandsorte aus Indien. Als Sternkaffee haben ihn vermutlich die meisten, die in Frankfurt in einem Café oder Restaurant Kaffee bestellt haben, schon in die Tasse bekommen.

Teehaus Ronnefeldt

„Johann Tobias Ronnefeldt, Neukräme K. 100, in allen Gattungen Tee, ostindischen Manufakturwaren, Cigarren und anderen ost- und westindischen Produkten" – so steht es 1823 im Frankfurter Adresskalender zu lesen. Es war das Gründungsjahr des Teehauses Ronnefeldt.

Zuvor hatte Johann Tobias Ronnefeldt eine vierjährige Lehrzeit und einjährige Kommis-Zeit beim bekannten Frankfurter Handelshaus Johann Christian Mühl absolviert. 1815 erweiterte er seine Kenntnisse an ausländischen Handelsplätzen und begann für ein großes Rotterdamer Kolonialwarengeschäft zu arbeiten.Der junge Mann war erfolgreich, knüpfte vielfältige Geschäftsbeziehungen und ließ sich schließlich als selbstständiger Importeur in seiner Vaterstadt Frankfurt nieder. Tee wurde bald zu einem wichtigen Handelsgut im Hause Ronnefeldt. Ende des 19. Jahrhunderts spezialisierte man sich ausschließlich auf den Teehandel.

Nachdem die Firma zunächst am Rossmarkt und später in der Goethestraße ihren Sitz hatte, übersiedelte Ronnefeldt nach dem Zweiten Weltkrieg in eine ehemalige Miederwarenfabrik auf dem Bockenheimer Kurfürstenplatz. Bis in die 90er Jahre wurde hier der Tee verarbeitet und in die ganze Welt verschickt. 1994 verlagerte das Frankfurter Unternehmen die gesamte Produktion und Versandlogistik ins norddeutsche Worpswede, an den Standort des Tee-Handels-Kontors Bremen, das Ronnefeldt zwei Jahre zuvor übernommen hatte.

Fast 200 Jahre nach seiner Gründung hat das Frankfurter Tee-Imperium Ronnefeldt heute 200 Mitarbeiter und verschifft jedes Jahr rund 700 Tonnen Tee. Die Teesorten werden nach 300 unterschiedlichen Rezepturen hergestellt.

Gewürz- und Teehaus Schnorr

Die Fülle ist schier unglaublich. 4.500 Artikel gibt es im Schnorr'schen Laden zu kaufen, allein 450 Sorten Tee stehen in den Regalen, 550 verschiedene Gewürze, dazu jede Menge Zubehör von der Teekanne bis zur Pfeffermühle und eine große Zahl kulinarischer Spezialitäten aus aller Welt.

Tee, so weit das Auge reicht: 450 Sorten gibt es bei Schnorr in der Neuen Kräme zu kaufen.

Renate Ott-Thiel ist seit 47 Jahren im Gewürz- und Teehaus in der Neuen Kräme beschäftigt, als Tochter von Firmengründer Eduard Schnorr hat sie das Werden des kleinen Imperiums fast von Anfang an miterlebt. 1956 hat ihr Vater ein Gewürzhaus in der Sandhofpassage eröffnet. 1958 übersiedelte der Laden in die Neue Kräme, die Frankfurter kauften hier Gewürze ein und fanden manch Exotisches, darunter auch echten Safran oder ungarischen Paprika.

Heute ist es die unendliche Duftvielfalt indonesischer, japanischer, thailändischer, chinesischer und indischer Gewürze, die jeden umfängt, der den Schnorr'schen Laden betritt. Und es duftet nach Tee, nach edlem japanischen Grüntee und griechischem Bergtee, der aus einer besonderen Salbeisorte hergestellt wird, nach Taiwan Jade Oolong, Ceylon, Assam und Rooibos und nach der Darjeeling-Hausmarke First Flush.

Im Advent ist im Teehaus Schnorr Hochsaison. Das hat vor allem damit zu tun, dass es in der Neuen Kräme sämtliche Backzutaten für Weihnachtsplätzchen gibt. 4.500 Kilogramm feinstes, butterweiches Marzipan lagern dann im Keller unter den Geschäftsräumen, hergestellt aus Mittelmeermandeln und mit weniger Zucker als üblich. Nougat hell und dunkel, getrocknete und kandierte Früchte aus aller Welt, Nüsse und Mandeln, die erst kurz vor dem Verkauf frisch gemahlen werden, Bourbonvanille in der Schote und Orangenblütenwasser. Einer lieb gewordenen Tradition entsprechend, verteilt das Tee- und Gewürzhaus Schnorr zu Weihnachten Rezeptblätter an seine Kunden.

Teehaus

Frankfurter Bier

Seit Jahrhunderten wird am Main Bier gebraut, im großen wie im kleinen Stil. Zwei Frankfurter Biere sind über die Stadtgrenzen hinaus bekannt geworden: Henninger und Binding.

Schon im 17. Jahrhundert gab es viele kleine Gasthofbrauereien in der Stadt. 1655 gründete auch Eberhard Stein ein Brauhaus. Zwei Jahrhunderte blieb es in Familienbesitz, ehe 1873 die Heinrich Henninger & Söhne, Brauerei Stein daraus wurde. Bereits einige Jahre zuvor hatte der letzte Nachkomme des Firmengründers, Johannes Stein, Pläne für einen Neubau des Sudhauses entwickelt. Ab 1875 wurde an neuer und bis heute erhaltener Stätte auf dem Sachsenhäuser Berg gebraut. Dank zahlreicher Zukäufe konnte das Unternehmen stetig wachsen. Nach dem Zweiten Weltkrieg stand vor allem die internationale Expansion im Vordergrund. Das Bier vom Main wurde bis in die USA und nach Japan exportiert. Der Slogan „Von Frankfurt aus in alle Welt" hat auch heute noch Gültigkeit.

Mitarbeiter und Gesellschaftler der Binding Brauerei

1961 baute die Brauerei den Henninger Turm als Silo zur Lagerung von 16.000 Tonnen Braugerste. Schnell avancierte das 160 Meter hohe Bauwerk zum Wahrzeichen Frankfurts. Bis heute kommen Radprofis aus ganz Europa jedes Jahr im Frühjahr zum Rennen „Rund um den Henninger Turm".

Als eigenständiges Unternehmen existiert Henninger heute nicht mehr. Die Binding-Brauerei hat die Marken- und Vertriebsrechte gekauft. Die Geschichte dieses Brauereiunternehmens beginnt ebenfalls in Frankfurt, allerdings gut zwei Jahrhunderte später als die des Henninger-Biers.

Stadtadler auf dem Etikett

1870 kaufte der gelernte Küfer und Brauer Conrad Binding eine kleine Brauerei in der Frankfurter Altstadt. 84.000 Gulden, umgerechnet etwa 800.000 Euro, bezahlte er für die Brauerei Glock am Garküchenplatz hinter dem Dom im Haus „Zur Stadt Schwalbach". Kaum zehn Jahre später besaß der junge Firmengründer bereits die größte Brauerei in Frankfurt. Das Geschäft lief gut in der Stadt des Apfelweins, Conrad Binding konnte das geliehene Geld zurückzahlen und expandieren. Auch er braute sein Bier bald auf dem Sachsenhäuser Berg, weil der kalkige Boden sich besonders gut für die Bierlagerung eignete. Noch heute ist das Areal weithin mit Kellern und Gewölben durchzogen.

Biertradition in der Frankfurter Altstadt: Das Henninger Eck' am Opernplatz.
Abb. gegenüberliegende Seite: Braugelände der Henninger Brauerei am Sachsenhäuser Berg

1902 brachte Binding eine Bierspezialität auf den Markt, die es bis heute zu kaufen gibt: den Carolus Doppelbock als Hommage an den Gründer Frankfurts, Karl den Großen. Jedes Jahr rund um die Weihnachtszeit wird das kräftige Bockbier ausgeschenkt. Spezialitäten neueren Datums sind die Marken Schöfferhofer Weizen und Clausthaler, eines der ersten alkoholfreien Biere. Heute gehört die Binding-Brauerei zur Radeberger Gruppe, die ihren Firmensitz auf dem Sachsenhäuser Berg hat.

Das Markenzeichen von Binding, der Adler, ist dem Frankfurter Stadtadler nachempfunden. Seine jetzige Form orientiert sich am Firmenemblem von 1870, das in Alt-Frankfurt auf dem Giebel des Stammhauses „Zur Stadt Schwalbach" prangte. Vorbild dafür war der goldene Adler aus dem Gitter des Gerechtigkeitsbrunnens vor dem Frankfurter Römer.

Riesling vom Lohrberg

Der Wein hat in Frankfurt schon immer eine wichtige Rolle gespielt. Doch zu behaupten, dass Frankfurt eine Weinstadt sei, wäre wohl sehr vermessen. Zwar hat man hier stets gute Tropfen geschätzt, doch selbst, als es in der Stadt am Main noch viele Rebflächen gab, wurden die großen Weine anderswo gekeltert. Der Frankfurter Wein war sauer, er wäre nach heutigen Maßstäben allenfalls ein einfacher Landwein geworden.

Auch heute schätzen die Frankfurter die edlen Rebensäfte, davon zeugen zahlreiche Lokale und Messen wie die Wein am Main. Es sind allerdings die nahen und fernen Weinregionen, die sich hier vorstellen.

Trotz alledem: Frankfurt besitzt nach wie vor einen eigenen Weinberg und ist damit eine der wenigen Metropolen, die solches von sich behaupten können. Auf dem Südhang des Lohrbergs oberhalb von Seckbach wächst ein Riesling heran, der mittlerweile den Vergleich mit Weißweinen aus dem Rheingau durchaus aufnehmen kann. 25 Hektar groß ist die städtische Rebfläche. 10.000 Flaschen Lohrberger Hang kann Winzer Armin Rupp, der den Weinberg gepachtet hat, jedes Jahr abfüllen. Der Lohrberger-Hang ist aber nicht die einzige Rebfläche, die heute in städtischem Besitz ist. Auch auf den Hängen des Städtchens Hochheim kurz vor Mainz gedeiht „Frankfurter Wein". Zu verdanken ist dies dem dortigen Karmeliterkloster, das die Weinberge 1803 der Stadt Frankfurt am Main zur Bewirtschaftung übereignete.

Kaufen kann man den Riesling vom Lohrberg im Gutsausschank der Stadt Frankfurt am Römer, Eingang Limpurgergasse 2,
Telefon 069/21 23 36 80.

Die Kleinmarkthalle
Obst & Gemüse

Die Kleinmarkthalle

Wer gut kochen will, braucht gute Zutaten. Möglichst frisch, möglichst aus der Region und in möglichst großer Auswahl. Die Frankfurter haben's da immer schon gut gehabt. In der alten Handels- und Messestadt boten nicht nur Händler aus aller Herren Ländern ihre Waren feil. Auch die Bauern aus den Dörfern des Umlandes verkauften jeden Samstag auf dem Markt am Dom und später auf dem Römerberg Obst und Gemüse, Eier und Kräuter.

Den Markt auf dem Römerberg gibt es längst nicht mehr. Doch ins bunte Markttreiben kann man auch heute noch eintauchen. Seit mehr als 100 Jahren ist der Umschlagplatz für frisches Obst und Gemüse, für Fisch und Fleisch die Frankfurter Kleinmarkthalle. 1879 wurde sie aus Gusseisen und Glas gebaut und stand zunächst zwischen Hasen- und Fahrgasse. Bekannt war die Kleinmarkthalle weit über die Grenzen Frankfurts hinaus, gab es doch auf 4.000 Quadratmetern so gut wie alles zu kaufen, was eines Koches Herz begehrt. Umso härter traf es die Frankfurter, dass ihr überdachter Wochenmarkt im Zweiten Weltkrieg den Bomben zum Opfer fiel. Ein Neubau musste her und wurde 1954 eingeweiht. Die „neue" Kleinmarkthalle steht nun seit mittlerweile mehr als einem halben Jahrhundert zwischen Hasengasse und Liebfrauenberg und lässt Erinnerungen an alte Zeiten wach werden. Obst und Gemüse, Wurst und Fleisch, Wild, Geflügel, Fisch, Käse und Blumen gibt es hier zu kaufen. Längst haben sich zu den Produzenten aus der Region auch Verkäufer gesellt, die Spezialitäten aus aller Welt feilbieten. Schier unübersehbar ist die Fülle des Angebotes. Wer als Gourmet hier nicht fündig wird, der sucht die Zutat, die er braucht, vermutlich auch in der übrigen Stadt vergebens.

Die Kleinmarkthalle, ca. 1930.

Ein Eldorado für den Liebhaber frankfurter und internationaler Spezialiäten.

Kleinmarkthalle Frankfurt, Hasengasse 5–7,
Öffnungszeiten: Montag bis Freitag 7.30 bis 18 Uhr Samstag, 7.30 bis 15 Uhr.

Vielfalt und Qualität direkt vom Erzeuger, da darf es auch mal etwas mehr sein.

Erzeuger- und Wochenmärkte

Außer der Kleinmarkthalle locken in vielen Frankfurter Stadtteilen die Wochenmärkte mit frischen regionalen Produkten. Ob Kartoffeln aus der Wetterau, Äpfel aus Spessart und Taunus, Gemüse aus Oberrad, Wurst und Fleisch aus dem Vogelsberg, die Erzeuger aus dem Umland bieten Woche für Woche alle Zutaten für die Gerichte der Frankfurter Küche auf der Konstablerwache an. Auf einigen Märkten werden zudem Frankfurter Spezialitäten frisch zubereitet zum Verzehr serviert.

Die wichtigsten Termine:

Wochenmarkt Bornheim
Berger Straße 194, Mittwoch 8.00–18.00 Uhr
und Samstag 8.00–16.00 Uhr

Erzeugermarkt Konstablerwache
Donnerstag 10.00 – 20.00 Uhr und
Samstag 8.00–17.00 Uhr

Wochenmarkt Kaisersack
Kaiserstraße 81, Dienstag 9.00–19.00 Uhr
und Donnerstag 9.00–19.00 Uhr

Wochenmarkt Sachsenhausen
Diesterwegplatz, Dienstag 8.00–18.00 Uhr
und Freitag 8.00–18.00 Uhr

Schillermarkt
Schillerstraße 2, Freitag 9.00–18.30 Uhr

So macht Einkaufen noch Spaß. Der Bummel über den Markt lässt sich perfekt mit einer kleinen Stärkung verbinden.

Weitere Informationen zu den Wochenmärkten sind unter *www.frankfurt.de,* Stichwort Wochenmärkte verfügbar.

CONSERVEN
EIER
CONSERVEN
EIER

SCHWARTE
Onkel Max
STEPHAN WEISS

Die Fressgass

Der Name ist Programm. Auf nicht mal 300 Meter Länge drängen sich entlang des Straßenzugs zwischen Börsenplatz und Opernplatz Feinkostläden, Metzger und Bäcker, Gastwirtschaften, Cafés und trendige Bistros. Fast überall kann man unter großen Sonnenschirmen auch draußen sitzen. Die Fressgass, eigentlich Große Bockenheimer Straße, ist Fußgängerzone, breit gepflastert und mit Platanen bestanden. Da macht das Speisen und Flanieren doppelt Freude.

Fressgass nannten die Frankfurter die Gourmetmeile bereits vor mehr als 100 Jahren. Schon damals wurden hier Delikatessen, Fleisch, Brot, Wurst und Käse verkauft. Das noble Bürgertum war im Westend zu Hause, da durften die Preise auch mal etwas höher sein. Damals war die Straße gerade einmal acht Meter breit und es reihten sich schmale Fachwerkhäuser dicht an dicht aneinander.

Gastronomisches Zentrum und Flaniermeile.

Die Fressgass in ihrer heutigen Form ist erst nach dem Krieg entstanden. Sie ist wesentlich breiter als einst und war Teil einer vierspurigen Verkehrsachse von der Bockenheimer Landstraße zum Zoo. Von den alten Häusern steht nur eines, die Hausnummer 31. Darin befindet sich Eberts Suppenstube. Dies war und ist die Verkaufsstelle für die original Zeppelinwurst (siehe Seite 77). Davon kündet auch heute noch die Wandbeschriftung und ein Schild am Hause.

Rheingauer Geselligkeit einmal in anderer Atmosphäre, vom Glas geht hier der Blick zur Skyline.

Als kleiner Boulevard zwischen Hauptwache und Alter Oper ist die Fressgass neu entstanden. Die Bestimmung – gastronomisches Zentrum für die Frankfurter City zu sein – ist jedoch geblieben.

Rheingauer Weinfest

Einmal im Jahr verwandelt sich die Freßgass' in eine gesellige Straußwirtschaft. Im August bieten die Winzer aus dem nahen Rheingau mehr als 600 Weine zur Verkostung an. Hier können die frischen Rieslinge aus dem Vorjahr ebenso probiert werden wie die Raritäten aus dem Schatzkästlein. Für das Prickeln im Glas sorgt ein Riesling-Sekt, romantische Stunden untermalt ein im Holzfass ausgebauter Spätburgunder. Natürlich lässt es sich auch herrlich fachsimpeln und plaudern. Wer so seinen Hausschoppen gefunden hat, kann diesen direkt beim Winzer bestellen. Der „Rheingauer Weinmarkt" ist seit über 25 Jahren ein Fixpunkt im Veranstaltungskalender Frankfurts.

Auf der Funkausstellung in Frankfurt am Main im Sommer 1957 produzierte der Hessische Rundfunk erstmals die Fernsehsendung "Zum Blauen Bock" mit Otto Höpfner als Wirt. Die Sendung kam so gut an, daß sie fortan regelmäßig bis in die achtziger Jahre hinein gesendet wurde. Ab 15. Januar 1966 übernahm Heinz Schenk die Sendung - mit Lia Wöhr und Reno Nonsens. Damals sahen durchschnittlich 60% der Fernsehzuschauer am Samstag nachmittag den "Blauen Bock", der so die beste Werbung fürs "Stöffche" in ganz Deutschland war.

Spezialitätenmuseen

Das Apfelweinmuseum

Die Frankfurter lieben ihren Apfelwein so sehr, dass sie für ihn sogar ein eigenes kleines Museum eingerichtet haben. Es befindet sich in der Gaststätte Historix unter dem Historischen Museum auf dem Römerberg und präsentiert Rares aus der Geschichte der Frankfurter Apfelweinkelterei. Zu sehen gibt es zum Beispiel alte Apfelweingläser, deutlich größer als die heutigen Gerippten, sogenannte Apfelweinstangen. Auch in dickwandige Gläser mit Lupenschliff wurde das Stöffche früher gefüllt. In der Vitrine daneben stehen vielfarbige Bembel, liegen Deckel in vielerlei Ausführungen, auch die der Frankfurter Karnevalsvereine und einer, in den anlässlich der Olympischen Spiele 1972 ein Zehn-Mark-Stück eingelassen wurde. Dazwischen eine Erinnerung an die wohl populärste Fernsehsendung rund um den Apfelwein; ein Originalgedeck „Zum Blauen Bock". Die Sendung stellte in den 1960er Jahren mit ihrem Moderator Heinz Schenk Quotenrekorde auf.

Ein Faulenzer mit Bembel.

Das Frankfurter Apfelweinmuseum kann Dienstag bis Samstag von 11 bis 22 Uhr besichtigt werden. Im Sommer ist es auch sonntags geöffnet. Der Eintritt ist frei.

Das Kochkunstmuseum

Verschwundene Schätze

Wo anders als in einem Kochkunstmuseum könnte man die einstige Pracht der Frankfurter Küche bestaunen? Diese Chance ist, wie's scheint, jedoch für immer vertan. Das Haus, in dem die Sammlung vor dem Zweiten Weltkrieg untergebracht war – ein Eckhaus in der Windmühlstraße mit neobarocker Fassade aus rotem Sandstein – steht zwar noch, doch die Exponate wurden so gut wie alle von den Bomben des Zweiten Weltkrieges zerstört.

Die Ausstellungsmacher wollten sie schützen und lagerten sie in den letzten Kriegstagen in einer Garage. Ein, wie sich im Nachhinein herausstellte, fataler Fehler.

Dabei war das Internationale Kochkunstmuseum Frankfurt, als es 1909 von Matthäus Karl Banzer, seines Zeichens Hotelbuchhalter und Sekretär des Vereins der Frankfurter Köche, gegründet wurde, das erste und einzige seiner Art auf der ganzen Welt. Und das wäre es bis heute geblieben. Nirgendwo sonst gab und gibt es eine Dauerausstellung dieses Umfangs über Tisch- und Tafelkultur, über Essen und Trinken. Der Verband der Köche hatte zu Beginn des 20. Jahrhunderts ganze Arbeit geleistet, Exponate aus mehreren Jahrhunderten zusammengetragen und prächtige Ausstellungsräume in der Windmühlstraße eingerichtet. Man zeigte Kücheneinrichtungen und Tischschmuck, Imitationen von preisgekrönten Schauplatten, Einzelgerichten und Speisenfolgen. Das Museum besaß eine riesige Sammlung von Menü- und Speisekarten aus aller Welt, Modelle von Speisesälen in Hotels, auf Schlössern und Ozeandampfern. 450.000 Goldmark soll die Museumseinrichtung gekostet haben.

Nur noch die Fassade erinnert an das Kochkunstmuseum.

Bis heute ist es nicht gelungen, das Frankfurter Kochkunstmuseum wiederzubeleben. Zwar wurde ein Verein zur Förderung der Tafelkultur gegründet, der regelmäßig Informationsschriften veröffentlicht. Für den Neuaufbau des Museums fehlt jedoch das nötige Geld. Von den mehr als 11.000 Kochbüchern, die Anhänger der Frankfurter und internationalen Kochkunst in den letzten Jahrzehnten gesammelt haben, hat 7.000 die Frankfurter Universitätsbibliothek bekommen. Der Rest lagert, fein säuberlich in Metallregalen gestapelt, in einem Keller des Bahnhofsviertels. Walter Schwarz wacht über den bibliophilen Schatz und gibt die Hoffnung nicht auf, dass doch noch etwas wird aus den Plänen für ein neues Frankfurter Kochkunstmuseum. Ideen, wie man es gestalten könnte, habe er zur Genüge, sagt er.

Töpferei Maurer

Wer einmal zuschauen möchte, wie ein Bembel entsteht, insbesondere wie er bemalt wird, der muss zu Monika Maurer in die Wallstraße nach Sachsenhausen gehen. Dort wird noch wirklich von Hand gefertigt, werden Bembel, Becher, Krüge und Töpfe bemalt und auch gerne mit persönlichen Grüßen verziert. Auch Deckelchen gibt es für alle Größen des Gerippten, nach Wunsch ebenfalls mit ganz persönlicher Widmung. Oder vielleicht doch mit einer von Frau Maurers Weisheiten:

„Besser als Pille un Troppe is en gudder Schoppe"

Abb. oben: Bembel und Krüge in alllen Variationen.
Abb. unten: Das Signet unter dem Griff bestätigt die Handarbeit.

Die neue Frankfurter Küche

Kreativ waren die Frankfurter Köche schon immer. Über Jahrhunderte hinweg haben sie es verstanden, neue Einflüsse in den heimischen Speisezettel aufzunehmen. Anregungen boten dabei nicht nur die regionalen Spezialitäten Deutschlands, sondern auch die Küchen Italiens, Spaniens, Frankreichs und der Orient.

Kreativität zeichnet auch die junge Szene der frankfurter Köche aus. Geschickt kombinieren sie Neues mit Traditionellem, forschen nach verschollenen Rezepturen, um sie auf moderne Art und Weise zu interpretieren. Manch ein Gericht, das die jungen Küchenchefs der Mainstadt auf den Tisch bringen, ist schlichtweg in genialer Weise aus traditionellen Zutaten neu entwickelt.

Eine kleine Sammlung leckerer „Avantgarde-Rezepte“ soll zum Nachkochen verführen. Vielleicht entsteht ja auf diese Weise die eine oder andere neue Frankfurter Spezialität.

Handkäs-Taler mit roten Zwiebeln und weißem Balsamico

Zubereitung

Wird entsprechend einem Handkäs mit Musik zubereitet, allerdings unter Verwendung von roten Zwiebeln und weißem Balsamico.

Carpaccio vom Handkäs

Zutaten

1 Handkäs
2–3 getrocknete Tomaten
1 Frühlingszwiebel
Olivenöl
Limettensaft

Zubereitung

Handkäs in dünne Scheiben schneiden. Auf einem flachen Teller einen Spiegel von Olivenöl gießen. Die dünnen Handkäs-Scheiben darauf anrichten. Frühlingszwiebel und die getrockneten Tomaten in kleine Stücke schneiden und darüberstreuen. Das Ganze mit etwas Limettensaft beträufeln.

Rezept: Der Buchwald

Kartoffel-Kräuterklößchen gefüllt mit Handkäs

Zutaten

Kartoffeln
Mehl
Ei
Kräuter der Saison
Handkäs
Quark
etwas Milch
Salz, Pfeffer

Zubereitung

Aus geriebenen Kartoffeln, Mehl und Ei einen Teig für die Klößchen herstellen. Kräuter klein hacken und einen Teil unter den Teig mischen, mit Salz abschmecken. Aus dem Handkäs etwa nussgroße Stückchen schneiden und diese in den Klößchen einschließen. Goldbraun ausbacken oder frittieren.

Quark, Milch, Salz, Pfeffer und die restlichen Kräuter zu einem Dip verrühren. Den Dip auf einem Teller platzieren und das Klößchen darauf absetzen.

Rezept: Der Buchwald

Saltimbocca vom Hühnchen mit Apfelwein-Dörrobstsoße

Apfelwein-Dörrobstsoße

1,5 Liter Apfelwein auf ½ Liter reduzieren, mit 2 Litern dunkler Grundsoße (Jus) auffüllen und nochmals 15 Minuten gut köcheln lassen.

Mit Salz, Pfeffer, dunklem Balsamico und braunem Zucker abschmecken. 150 g fein geschnittenes Dörrobst dazugeben.

Zutaten Saltimbocca vom Hühnchen für ca. 10 Personen

10 Hühnerbrüste
frischer Salbei
20 Scheiben Odenwälder Räucherschinken

Zubereitung

Dazu 10 Hühnerbrüste halbieren und plattieren, mit jeweils einer Scheibe Schinken und frischen Salbeiblättern belegen und mit einem Spieß befestigen. Das Fleisch in der Pfanne bei mittlerer Hitze anbraten, mit wenig Brühe ablöschen und langsam fertig garen.

Als Beilagen passen Kartoffeltaler und Gemüse der Saison.

Rezept: Schuch's Restaurant

Zutaten

Pochiertes Landei

4 Eier der Güteklasse A
120 g gemischter Blattsala mit Kräutern
Wasser zum Pochieren der Eier
ein Schuss Essig
fleur de sel
4 Kirschtomaten als Garnitur

Gazpacho

280 ml weißer Tomatenfond*
1 Rolle Frankfurter Kräuter
1 Knoblauchzehe
1 kleine Schalotte
1 Salatgurke
10 Mandeln
4 Scheiben Toastbrot (ohne Rinde)
3 gelbe Paprika
3 Blatt Gelatine
Salz, Pfeffer, Cayennepfeffer und Tabasco

Gazpacho von Frankfurter Grünen Kräutern

Zubereitung

*Zur Herstellung des Tomatenfonds werden 500 g Tomaten mit einer Küchenmaschine gemixt und über Nacht in einem feinen Passiertuch oder Küchentuch abgehangen. Der gewonnene Saft ist klar. Man nennt ihn daher auch „weißen Tomatenfond".

Alle Zutaten mixen und durch ein grobes Soßensieb passieren, sodass die gewonnene Flüssigkeit eine dickliche Konsistenz erhält. ¼ der Flüssigkeit erwärmen und darin die in kaltem Wasser eingeweichte Gelatine auflösen.

Die Eier aufbrechen und einzeln in eine Soßenkelle füllen. Nun die Soßenkelle langsam in das leicht köchelnde Wasser (mit Essig) eintauchen. So behält das Ei eine schöne Form. Das Ei benötigt bei siedendem Wasser ca. 5 Minuten.

Die Blattsalate mit den Kräutern und etwas Salatdressing anmachen. Das pochierte Ei mittig aufsetzen und mit etwas fleur de sel würzen. Die Gazpacho in ein Whiskeyglas füllen und mit einer eingeschnittenen Kirschtomate garnieren.

Rezept: Martin Göschel, Tigerpalast

Zutaten für 4 Personen

1 Gurke
2 rote Zwiebeln
1 kleine Chilischote
10 Minzeblätter
8 EL weißer Essig
8 EL Öl
4 Handkäsescheiben
500 g gekochte Rote Beete
Salz, Pfeffer

Handkäs in Salsa auf Rote-Beete-Carpaccio

Zubereitung

Gurke für die Salsa entkernen und in sehr feine, kleine Würfel schneiden. Zwiebeln und Chilischote ebenfalls sehr klein schneiden. Die Minze fein hacken. Alles mit Essig und Öl gut vermengen, mit Salz und Pfeffer abschmecken und durchziehen lassen. Zum Schluss die Handkäsescheiben hineinlegen und am besten über Nacht durchziehen lassen.

Die Rote Beete mit einem Trüffelhobel in dünne Scheiben schneiden und auf einem großen, flachen Teller rundherum arrangieren. Den Handkäse in der Mitte positionieren. Die Salsa darübergeben, eventuell etwas in einer kleinen Schale zum individuellen Würzen zurückbehalten.

Rezept: Mirko Reeh, Kochschule Mirko Reeh

Zutaten für 5 Personen

Frankfurter Grüne Soße

1 Packung Frankfurter Kräuter
300 g Crème fraîche
100 g saure Sahne
1 TL Senf
1 EL Traubenkernöl
1 EL weißer Balsamico
Salz, weißer Pfeffer, Zucker

La-Ratte-Kartoffelschaum

300 g La-Ratte-Kartoffeln
150 ml Kartoffelwasser (Kochwasser der Kartoffel)
50 g Crème fraîche
Salz, Pfeffer, Muskat, Cayennepfeffer

Drei-Stunden-Bio-Ei

5 Bio-Eier

Drei-Stunden-Bio-Ei, Frankfurter Grüne Soße und La-Ratte-Kartoffeln

Zubereitung

Die Bio-Eier bei konstanten 60 Grad im Wasserbad 3 Stunden lang garen und danach in handwarmes Wasser geben. Nun die Eier aufschlagen und im Wasser aus der Schale nehmen. Das nicht feste Eiweiß vorsichtig abwaschen.

Frankfurter Kräuter waschen und anschließend mit Crème fraîche, saurer Sahne, Senf, Traubenkernöl und Balsamico in einem Mixer fein pürieren. Die Soße mit Salz, Pfeffer und Zucker würzen und abschmecken. Soße dunkel und kalt lagern.

Kartoffeln kochen, abschütten und Kochwasser aufbewahren. Kartoffeln mit 150 ml Kochwasser und der Crème fraîche mixen, mit Salz, Pfeffer, Cayennepfeffer abschmecken und passieren. Alles in eine ISI-Whip-Flasche geben, zwei Sahnekapseln hineindrehen und kräftig schütteln.

Fertigstellung

Das Ei in eine Suppentasse geben, den Kartoffelschaum daneben hineinspritzen und das Ei mit der Grünen Soße überziehen. Zur Garnitur noch 2–3 lila Kartoffelchips darübergeben.

Rezept: Mario Lohninger, Silk

Zutaten für 4 Personen

200 ml Apfelwein
50 g Zucker
2 Blatt Gelatine
200 ml Sahne
20 ml Calvados

Apfelweincreme

Zubereitung

Die Gelatine in kaltem Wasser einweichen. Die Sahne steif schlagen. Den Apfelwein erhitzen und den Zucker darin auflösen. Die Gelatine ausdrücken und in den Apfelwein einrühren. Den Apfelwein in einem Eiswasserbad abkühlen, bis er zu stocken beginnt. Die Sahne unterheben, die Creme anschließend auf Förmchen verteilen und mindestens 4 Stunden in den Kühlschrank stellen.

Die Creme auf Dessertteller stürzen und mit frischen Beeren garnieren.

Jörg Döpfner, Restaurant Maingau

Zutaten

Grüne Soße

400 g Crème fraîche
1 Portion Kräuter für Frankfurter Grüne Soße
100 g Meerrettich, scharf
Salz und Pfeffer
5 Blatt Gelatine
Kräuter zum Garnieren

Tatar

100 g Rindertatar
1 Sardelle
5 Kapern
1 Schalotte, gewürfelt
etwas Senf
Salz, Pfeffer

Crostini

½ Baguette
Olivenöl

Frankfurter Grüne Soße im Glas mit Crostini und Rindertatar

Zubereitung

Grüne Soße
Gelatine in Wasser einweichen und anschließend in etwas Crème fraîche auflösen. Mit der restlichen Crème fraîche und dem Meerrettich verrühren und mit Salz und Pfeffer abschmecken. Die fertige Masse teilen, eine Hälfte in vier Gläser füllen und kalt stellen. Die andere Hälfte mit den Frankfurter Kräutern fein pürieren. Dann die grüne Masse auf die weiße Masse in die Gläser füllen. Die gefüllten Gläser wieder kalt stellen. Mit frischen Kräutern garnieren.

Crostini
Das Baguette quer in Scheiben schneiden (länger als die Glasöffnung) und in heißem Olivenöl goldgelb rösten.

Tatar
Rindertatar mit allen klein geschnittenen Zutaten vermischen und abschmecken.

Anrichten
Auf die Glasöffnung die Crostini legen. Darauf eine „Nocke" Rindertatar platzieren. Glas auf einen Unterteller setzen und servieren.

Rezept: Patrick Bittner, Restaurant Français

Zutaten

Mandelsandmasse für den Kranz
225 g Butter (Raumtemperatur)
165 g Zucker
4 Zitronen abgerieben
63 g Honig
3 Eier
2 Eigelb
45 g Sahne
165 g Mehl
150 g Mandelgrieß
4 g Backpulver

Aprikosenkompott
120 g Aprikosenpüree (Aprikosen pürieren)
15 g Gelierzucker
1 Dose Aprikosen (500 g)
1 Vanilleschote

Buttercreme
120 g Zitronensaft
3 Zitronen abgerieben
4 Eigelb
2 Eier
145 g Zucker
335 g Butter

Siesmayerkranz

Zubereitung

Butter, Zucker und abgeriebene Zitronen schaumig-weiß schlagen. Anschließend den Honig hinzufügen. Eier, Eigelb und die Sahne zusammen nach und nach zu dem Schaum geben. Danach das Mehl, Mandelgrieß und Backpulver vorsichtig unter die gesamte Masse heben.

Eine Kranzform (26 Zentimeter) mit Butter einpinseln und mit Mehl bestäuben. Die fertige Masse in die Form füllen und bei 170 Grad (Umluft) backen.

Es ist zu empfehlen, den Boden einen Tag vor Fertigstellung zu backen. Das Aprikosenmark mit ausgekratztem Vanillemark und Zitronensaft aufkochen. Gelierzucker in das Aprikosenmark einrühren und aufkochen lassen. Die Soße mit klein gewürfelten Aprikosen anreichern. Aprikosen mindestens einen Tag vorher im eigenen Saft, Zitronensaft und ausgekratzter Vanilleschote einlegen.

Zum Tränken des Siesmayerkranzes

80 g Zitronensaft
60 g Läuterzucker (30 ml Wasser und
30 g Zucker aufkochen)
15 ml Cointreau
Alles miteinander verrühren.

Zitronensaft und die abgeriebenen Zitronen erhitzen. Eigelb, Eier und Zucker in eine Schüssel geben und vermischen. Den erhitzten Zitronensaft nach und nach unter die Eigelb-Zucker-Masse heben. Durch ein Sieb seihen und nochmals unter ständigem Rühren die Masse kurz aufkochen.

Die Zitronencreme auf Zimmertemperatur abkühlen lassen. Anschließend die Butter schaumigweiß aufschlagen und dann nach und nach die Zitronencreme unter die Butter laufen lassen. Je nach Geschmack kann die Creme mit etwas Cointreau abgeschmeckt werden.

Fertigstellung

Den am Vortag zubereiteten Kranz in 3 gleiche Böden schneiden. Die Zitronen-Buttercreme in einen Spritzbeutel füllen. Auf den unteren Boden drei Kreise spritzen. Zwischen den einzelnen Buttercremekreisen Platz lassen, um die Aprikosensoße hinzuzufügen (am besten einen Spritzbeutel mit großer Lochtülle verwenden).

Den zweiten Boden auflegen, gut andrücken und mit Cointreau, Zitronensaft und Läuterzucker tränken. Den Boden wie eben beschrieben zubereiten. Beim Auflegen des dritten Bodens alles noch mal vorsichtig andrücken und 20 Minuten kalt stellen.

Für die Dekoration

125 g Haselnusskrokant
80 g weiße Schokolade

Anschließend den Kranz mit der restlichen Buttercreme komplett einstreichen. ⅓ des Kranzes wird mit Haselnusskrokant eingespänt. Den restlichen Kranz mit weißen Schokoladenspänen oder -raspeln dekorieren. Jedes Stück mit einer Haselnuss dekorieren.

Rezept: Café Siesmayer

Zutaten

60 g Parmesan
125 g Kräuter der Frankfurter Grünen Sauce
60–80 g Paniermehl
4 Eier

Olivenöl zum Braten
Salz und frisch gemahlener Pfeffer aus der Mühle

Grüne-Soße-Küchlein

Zubereitung

Den Parmesan fein reiben und mit dem Paniermehl vermengen. Die Kräuter säubern und fein hacken. Anschließend die Kräuter mit den Eiern unter die Parmesan-Paniermehlmischung heben. Das Ganze mit Salz und Pfeffer abrunden. Sollte die Masse zu feucht sein, noch etwas Paniermehl unterheben. Ist die Masse zu trocken, mit etwas Wasser verdünnen. Dann aus der Masse kleine Küchlein formen und diese in einer Edelstahlpfanne von beiden Seiten ausbacken.

Rezept: Mirko Reeh, Kochschule Mirko Reeh

Zutaten
Biskuitkapsel

130 g Eigelb
80 g Marzipan
180 g Eiklar
100 g Zucker
60 g Mehl
60 g Weizenstärke
50 g Flüssige Butter

Zutaten
Sahnecreme

200 ml Apfelwein (Speierling)
30 g Zucker
2 Eigelb
25 g Weizenstärke
45 g Zitronensaft
6 Blatt Gelatine
15 ml Calvados
200 g Joghurt
600 g geschlagene Sahne

Apfelwein-Joghurt-Sahne-Torte

Zubereitung

Eigelb und Marzipan schaumig rühren, Eiklar mit Zucker zu cremigem Schnee schlagen. Mehl und Weizenstärke zusammensieben. Eischnee unter die Eigelbmasse ziehen, gesiebtes Mehl vorsichtig untermelieren, zum Schluss die flüssige Butter.

Aus der Biskuitmasse einen dünnen Boden zu 24 Zentimeter Durchmesser und den Rest auf Backpapier rechteckig aufstreichen. Bei 220 Grad goldgelb backen. Nach dem Backen wird das rechteckige Biskuit mit Johannisbeerkonfitüre bestrichen und entweder eingerollt oder in Streifen übereinander zusammengesetzt. Kurz anfrosten, damit es sich besser in dünne Scheiben schneiden lässt. Mit diesen Scheiben wird eine geeignete Form, ca. 2,5 Liter Inhalt, ausgelegt. Einen dünnen Mürbeteigboden backen, der der Größe der Form entspricht, und auf diesen den dünnen Biskiutboden mit der Konfitüre aufkleben.

Apfelwein mit Zitronensaft und Zucker aufkochen, Stärke und Eigelb mit wenig Wasser verrühren und den Apfelwein damit abbinden. Etwas abkühlen lassen. Eingeweichte Gelatine, Calvados und Joghurt unterziehen, die geschlagene Sahne in drei Etappen unterheben. In die ausgelegte Form wird die Joghurt-Sahne gefüllt und mit dem umgedrehten Boden so abgedeckt, dass der Biskuit auf der Sahne liegt. Für 3–4 Stunden kühl stellen. Zum Anrichten auf eine Platte stürzen und mit Geleeguss abglänzen. Die Torte kann mit Sahnerosetten, Obst oder Schokoladedekoren garniert werden.

Manfred Anderlohr

peisegaststätte

Lokale und Adressen

Gutbürgerlich essen – Innenstadt

Apfelwein Klaus
Meisengasse 10 · 60313 Frankfurt · Tel. 069/282864
www.vis.de/Apfelwein-Klaus
Öffnungszeiten: Mo.–Sa. 11.00–23.00 Uhr, So. Ruhetag

Gasthof Steinernes Haus
Braubachstr. 35 · 60311 Frankfurt · Tel. 069/283491
www.steinernes-haus.de
Öffnungszeiten: Mo.–So. 11.00–1.00 Uhr

Haus Wertheym
Fahrtor 1 · Am Römerberg · 60313 Frankfurt
Tel. 069/281432
Öffnungszeiten: Mo.–So. 11.00–23.00 Uhr

Restaurant Zum Standesämtchen
Am Römerberg 16 · 60311 Frankfurt · Tel. 069/282999
www.zum-standesaemtchen.de
Öffnungszeiten: Mo.–So. 11.00–24.00 Uhr

Weinstube im Römer
Römerberg 19 · 60313 Frankfurt · Tel. 069/291331
www.weinstube-roemer.de

Zum Schwarzen Stern
Römerberg 6 · 60311 Frankfurt · Tel. 069/291979
www.schwarzerstern.de

Gutbürgerlich essen – Stadtteile

Alte Zollwache

Schlossplatz 10 · 65929 Frankfurt-Höchst
Tel. 069/3088035 · www.alte-zollwache.de
Öffnungszeiten: Mo.–So. 11.00–24.00 Uhr
Sommer-Biergarten Mo.–So. 11.00–23.00 Uhr

Friedberger Warte

Friedberger Landstraße 360 · 60389 Frankfurt-Bornheim · Tel. 069/592465 · www.friedbergerwarte.de
Öffnungszeiten: Di.–So. 17.00–1.00, Di. + Do. 11.30–14.00 Uhr, So. + Feiertag 12.00–1.00 Uhr, Mo. Ruhetag

Gasthaus Zum Bären

Höchster Schlossplatz 8 · 65929 Frankfurt-Höchst
Tel. 069/309343 · www.zumbaeren.net
Öffnungszeiten: Mo.–So. 10.00–23.00 Uhr

Gasthaus Zum Löwen

Alt-Sossenheim 74 · 65936 Frankfurt-Sossenheim
Tel. 069/341357 · www.zumloewen.org
Öffnungszeiten: Mai–Sept.: Di.–So. 11.30–23.00 Uhr, Sa. 17.00–23.00 Uhr, Okt.–April: Di.–Fr. 11.30–14.30 und 17.00–23.00 Uhr, Sa. 17.00–23.00 Uhr, So. 11.30–23.00 Uhr, Mo. Ruhetag

Maingau

Schifferstr. 38–40 · 60594 Frankfurt-Sachsenhausen
Tel. 069/610752 · www.maingau.de · Öffnungszeiten: Di.–Fr. 12.00–14.30 Uhr, 18.00–22.30 Uhr, Sa. 18.00–22.30 Uhr, So. 12.00–14.30 Uhr, Mo. Ruhetag

	**Malepartus** Bornheimer Landwehr 59 · 60385 Frankfurt Tel. 069/447910 · www.malepartus-frankfurt.de Öffnungszeiten: Mo.–Fr. 12.00–14.30 Uhr, 17.00–24.00 Uhr, Sa. 16.00–24.00 Uhr, So. 12.00–24.00 Uhr
	**Waldgaststätte Oberschweinstiege** 60598 Frankfurt · Tel. 069/684888 www.oberschweinstiege.com Öffnungszeiten: Mo.–So. 10.00–22.00 Uhr
	**Restaurant Schmärrnche** Kleine Spillingsgasse 2–10 · 60385 Frankfurt-Bornheim · Tel. 069/452690 · www.schmaerrnche.de Öffnungszeiten: Di.–Sa. 18.00–24.00 Uhr, So. 11.30–14.00 Uhr
	**Sachsenhäuser Warte** Darmstädter Landstr. 279 · 60598 Frankfurt-Sachsenhausen · Tel. 069/682716 · www.sachsenhaeuserwarte.de Öffnungszeiten: Mo.–So. 11.30–1.00 Uhr
Speisekammer	**Speisekammer** Alt Heddernheim 41 · 60439 Frankfurt-Heddernheim Tel. 069/573888 · www.speisekammer-frankfurt.de Öffnungszeiten: Sommer ab 17.00 Uhr, Winter ab 18.00 Uhr

Apfelweinwirtschaften – Sachsenhausen

Apfelwein Wagner
Schweizer Str. 71 · 60594 Frankfurt · Tel. 069/612565
www.apfelwein-wagner.com
Öffnungszeiten: Mo.–So. 11.00–24.00 Uhr

Atschel
Wallstraße 7 · 60594 Frankfurt · Tel. 069/619201
Öffnungszeiten: Mo.–So. 12.00–23.30 Uhr

Zur Buchscheer
Schwarzsteinkautweg 17 · 60598 Frankfurt
Tel. 069/635121 · www.buchscheer.de
Öffnungszeiten: Mo., Mi.–Fr. 15.00–23.00 Uhr,
Sa., So. Feiertag 11.00–23.00 Uhr, Di. Ruhetag

Dauth-Schneider
Neuer Wall 5–7 · 60594 Frankfurt · Tel. 069/613533
www.dauth-schneider.de
Öffnungszeiten: Mo.–Fr. 11.30–24.00 Uhr
Sa., So., Feiertag 12.00–24.00 Uhr

Kanonesteppel
Textorstraße 20 · 60594 Frankfurt · Tel. 069/611891
www.kanonesteppel.de
Öffnungszeiten: Mo.–Sa. 10.00-24.00 Uhr, So. Ruhetag

Klaane Sachsehäuser
Neuer Wall 11 · 60594 Frankfurt · Tel. 069/615983
www.klaanesachsehaeuser.de
Öffnungszeiten: Mo.–Sa. 16.00–24.00 Uhr, So. Ruhetag

	Lorsbacher Thal Große Rittergasse 49–51 · 60594 Frankfurt Tel. 069/616459 · www.lorsbacher-thal.de Öffnungszeiten: Mo.–Sa. 16.00–24.00 Uhr, So. 12.00–23.00 Uhr
	Schreiber-Heyne Mörfelder Landstr. 11 · 60598 Frankfurt Tel. 069/623963 · www.schreiber-heyne.de Öffnungszeiten: Mo.–Fr. 12.00–14.30 Uhr, Mo.–So. 16.30–1.00 Uhr
	**Zu den 3 Steubern** Dreieichstr. 28 · 60594 Frankfurt · Tel. 069/622229 Öffnungszeiten: Mo.–Fr. 15.30–24.00 Uhr Sa. + So. Ruhetag
	Zum Eichkatzerl Dreieichstr. 29 · 60594 Frankfurt · Tel. 069/617480 www.eichkatzerl.de Öffnungszeiten: Di.–So. 16.00–24.00 Uhr, Mo. Ruhetag
	Zum Feuerrädchen Textorstr. 24 · 60594 Frankfurt · Tel. 069/66575999 Öffnungszeiten: Mo.–Fr. 12.00–24.00 Uhr, Sa. + So. 16.00–24.00 Uhr
	Zum Gemalten Haus Schweizer Str. 67 · 60594 Frankfurt · Tel. 069/614559 www.zumgemaltenhaus.de Öffnungszeiten: Di.–So. 10.00–24.00 Uhr, Mo. Ruhetag

Zur Germania
Textorstraße 16 · 60594 Frankfurt · Tel. 069/613336
www.zur-germania.de
Öffnungszeiten: Di.–Fr. 16.00–24.00 Uhr,
Sa., So. 11.00–24.00 Uhr, Mo. Ruhetag

Apfelweinwirtschaften – Bornheim

Apfelwein Solzer
Berger Str. 260 · 60325 Frankfurt · Tel. 069/452171
www.apfelwein-solzer.de
Öffnungszeiten: Mo.–Sa. 16.00–24.00 Uhr, So. Ruhetag

Zur Eulenburg
Eulengasse 46 · 60385 Frankfurt · Tel. 069/451203
www.zur-eulenburg.de
Öffnungszeiten: Mi.–So. ab 16.00–24.00 Uhr
So. 11.30–14.00 Uhr Mo., Di. Ruhetag

Zur Schönen Müllerin
Baumweg 12 · 60316 Frankfurt · Tel. 069/432069
www.schoene-muellerin.de
Öffnungszeiten: Mo.–So. 16.00–24.00 Uhr

Zur Sonne
Berger Str. 312 · 60385 Frankfurt · Tel. 069/459396
Öffnungszeiten: Mo.–Sa. 17.00–24.00 Uhr,
So. 12.00–23.00 Uhr

Apfelweinwirtschaften – Eschersheim

Drosselbart

Eschersheimer Landstraße · 60433 Frankfurt
Tel. 069/534393 · www.drosselbart.net
Öffnungszeiten: Sommer: Mo.–Fr. 12.00–14.30 Uhr u. 16.30–23.00 Uhr, Sa. 16.30–23.00 Uhr, So. und Feiertag 12.00–23.00 Uhr, Winter: Mo.–So. ab 18.00 Uhr

Apfelweinwirtschaften – Seckbach

Zur Krone

Wilhelmshöher Straße 163–165 · 60389 Frankfurt
Tel. 069/479385 · www.zurkrone-seckbach.de
Öffnungszeiten: Mo.–Fr. 17.00–23.00 Uhr
So. 16.00–23.00 Uhr, Sa. Ruhetag

Zum Rad

Leonhardsgasse 2 · 60389 Frankfurt · Tel. 069/479128
www.zum-rad.de
Öffnungszeiten: Sommer Mi.–Sa., Mo. 16.00–24.00 Uhr, So. 15.00–24.00 Uhr, Winter Mi.–Sa., Mo. 17.00–24.00 Uhr, So. 12.00–24.00 Uhr, Di. Ruhetag

Apfelweinwirtschaften – Niederursel

Alte Papiermühle

Oberurseler Weg 21 · 60439 Frankfurt · Tel. 069/95770702 · www.landgasthof-alte-papiermuehle.de
Öffnungszeiten: Mo., Mi.–17.00–24.00 Uhr
Sa., So. Feiertag 12.00–24.00 Uhr

Zum Lahmen Esel

Zum Lahmen Esel

Krautgartenweg 1 · 60439 Frankfurt · Tel. 069/573974
www.lahmer-esel.de
Öffnungszeiten: Di.–Sa. 11.30–14.00 17.00–24.00 Uhr,
So. 11.30–14.00 u. 16.30–23.00, Mo. Ruhetag

Apfelweinwirtschaften – Nordend

Zur Stahlburg

Glauburgstr. 80 · 60318 Frankfurt · Tel. 069/557934
www.stahlburg.de
Öffnungszeiten: Mo.–So. 17.00–1.00 Uhr

Apfelweinwirtschaften – Schwanheim

FRANKFURTER HOF
Seppche

Zum Seppche

60529 Frankfurt · Alt Schwanheim 8 · Tel. 069/355238
www.frankfurterhof-seppche.de
Öffnungszeiten: Mo.–Sa. 11.00–24.00 Uhr,
So. 10.00–23.00 Uhr

Apfelweinwirtschaften – Heddernheim

Gaststätte
Momberger

Momberger

60439 Frankfurt · Alt Heddernheim 13
Tel. 069/576666
Öffnungszeiten: So.–Mo. 16.15–24.00 Uhr, Sa. Ruhetag

Die neue Frankfurter Küche

Kunze APFELWEIN·LOKAL	**Apfelwein Kunze** Bockenheimer Landstr. 87 · 60325 Frankfurt-Westend Tel. 069/74309070 · www.kunze-frankfurt.de Öffnungszeiten: Mo.–Fr. 11.30–1.00 Uhr, Sa. 18.00–1.00 Uhr, So. Ruhetag
Der Buchwald Hessisch? Ess' ich!	**Der Buchwald** Buchwaldstraße 22a · 60385 Frankfurt-Bornheim Tel. 069/46003272 Öffnungszeiten: Mi.–Mo. 17.00–23.00 Uhr
Klabunt	**Klabunt** Berger Str. 228 · 60385 Frankfurt · Tel. 069/94598140 Öffnungszeiten: Mo.–So. 18.00–23.00 Uhr
Schuch's Restaurant Zeit für apfelfrische Sinnlichkeit	**Schuch's Restaurant** Alt Praunheim 11 · 60488 Frankfurt-Praunheim Tel. 069/761005 · www.schuchs-restaurant.de Öffnungszeiten: Mo. 18.00–24.00 Uhr, Di.–Fr. 12.00–15.00 Uhr u. 18.00–24.00 Uhr, Sa. 12.00–24.00 Uhr, So. + Feiertag 12.00–23.00 Uhr
Frankfurter Küche	**Frankfurter Küche** Hanauer Landstraße 86 · 60385 Frankfurt Tel. 069/43056878 · www.frankfurter-kueche.de Öffnungszeiten: Mo–So ab 18.00 Uhr

Cafés und Konditoreien

Altes Café Schneider
Kaiserstraße 12 · 60311 Frankfurt-City
Tel. 069/281447

Café Laumer
Bockenheimer Landstr. 67 · 60325 Frankfurt-Westend
Tel. 069/727912 · www.cafe-laumer.de
Öffnungszeiten: Mo.–Sa. 7.30–19.00 Uhr,
So. 9.00–19.00 Uhr

Café Mozart
Töngesgasse 23–25 · 60311 Frankfurt-City
Tel. 069/2919541
Öffnungszeiten: Mo.–So. 8.00–21.00 Uhr

Wackers Kaffee
Kornmarkt 9 · 60311 Frankfurt · Tel. 069/287810
www.wackers-kaffee.de
Öffnungszeiten: Mo.–Fr. 8.00–19.00 Uhr,
Sa. 8.00–18.00 Uhr, So. Ruhetag

Café Siesmayer
Siesmayerstr. 59 · 60323 Frankfurt · Tel. 069/900290
www.palmengarten-gastronomie.de
Öffnungszeiten: Mo.–So. 8.00–23.00 Uhr

Konditorei Hollhorst
Am Fahrtor 1 · 60313 Frankfurt · Tel. 069/282769
www.konditorei-hollhorst.de · Öffnungszeiten: Di.–Sa.
11.00–18.00 Uhr, So. 12.00–18.00 Uhr, Mo. Ruhetag

Torten und Konditorei-Spezialitäten nach Wunsch

Stichwortverzeichnis

Stichwortverzeichnis

Rezeptverzeichnis

Die Autorin

Andrea Rost (Jahrgang 1959) ist in Wien geboren und aufgewachsen. Nach dem Abitur studierte sie Spanisch und Russisch, Theaterwissenschaften und Kunstgeschichte und arbeitete zehn Jahre lang als Fachredakteurin für Gastronomie, Hotellerie und Tourismus in ihrer Heimatstadt.

1995 heiratete sie einen Frankfurter, und weil Liebe bekanntlich durch den Magen geht, begann sie die Mainmetropole kulinarisch zu erkunden. Es gibt mehr Frankfurter Spezialitäten als man auf den ersten Blick meinen möchte, stellte sie fest. In diesem Buch lassen sich die Ergebnisse ihrer Recherchen nachlesen. Andrea Rost schrieb als Autorin für mehrere Tageszeitungen in der Rhein-Main-Region. Seit 2003 arbeitet sie in der Redaktion der Frankfurter Rundschau. Lokales, Lifestyle und gastronomische Themen sind bei der FR ihr Metier.

Sie lebt zusammen mit ihrem Mann und zwei Kindern im Taunus.

Bildnachweis

Steigenberger Frankfurter Hof: 9
Kelterei Possmann: 13, 20/21, 22, 23, 30, 32
Landkelterei Höhl: 30
Robin Pillmann: 12, 15, 30, 31, 33, 34/35, 46, 47, 48, 113
Institut für Stadtgeschichte: 17, 19, 22, 70, 115 oben
Andrea Enderlein: 28, 138
Lorsbacher Thal: 29, 36
RMV: 36
Fernando Baptista: 45 oben
Käserei Horst: 49, 50
Esslinger Verlag: 56
Deutsches Literatur Archiv: 80, 81
Paul Wolff: 69
Hans Zimmermann: 77, 118
Teehaus Ronnefeld: 105
Radeberger Gruppe: 108, 109, 110, 111
Tigerpalast: 131
Mirko Reeh: 132
Restaurant Silk: 133

B3 Verlag: 10, 16, 18, 24, 38, 40, 43, 45 Mitte und unten, 51, 52, 53, 54, 55, 57, 58, 60, 62, 63, 64, 65, 67, 68, 73, 74, 75, 78, 79, 82, 83, 84, 85, 86, 89, 90, 91, 92/93, 94, 97, 99, 100, 101, 102, 103, 104, 106, 107, 112, 113, 114, 115 unten, 116, 117, 120, 121, 122, 123, 124, 125, 126, 128, 129, 130, 134, 140, 143 Oberschweinstiege, Schmärnche, 145, Zu den 3 Steubern, 146, Zur Sonne, 148 Zur Stahlburg, 150 Café Laumer

Logos bei Restaurants wie benannt.

Weiteres aus der hessischen Küche:

Die junge Hessische Küche
Mit mehr als 60 Rezepten von André Großfeld und Mirko Reeh
144 Seiten, durchgehend 4- farbig, gebunden, Format 20 x 30 cm
ISBN 978-3-938783-21-4
€ 19,90